하나님을 체험하는 일곱 가지 길
The Seven Gates of
God's Sanctuary

노영상 지음

하나님의 세븐게이트

생명의말씀사

**하나님의
세븐게이트**

ⓒ 생명의말씀사 2013

2013년 12월 30일 1판 1쇄 발행

펴낸이 | 김창영
펴낸곳 | 생명의말씀사

등록 | 1962. 1. 10. No.300-1962-1
주소 | 서울 종로구 송월동 32-43(110-101)
전화 | 02)738-6555(본사)・02)3159-7979(영업)
팩스 | 02)739-3824(본사)・080-022-8585(영업)

지은이 | 노영상

기획편집 | 구자섭
디자인 | 박소영
인쇄 | 영진문원
제본 | 정문바인텍

ISBN 978-89-04-16444-8 (03230)

저작권자의 허락없이 이 책의 일부 또는 전체를
무단 복제, 전재, 발췌하면 저작권법에 의해 처벌을 받습니다.

하나님의 세븐게이트

이 책의 수익금 전액은 호남신학대학교의
발전을 위해 사용될 것입니다. 감사합니다.

추천의 글

호남신학대학교 노영상 총장님의 새 책, 『하나님의 세븐게이트』의 출간을 축하합니다. 이 책은 하나님의 지성소로 향하는 7개의 문을 하나하나 열고 들어가 하나님의 존전에 이르게 되는 과정을 담고 있습니다. 통찰의 문, 마음의 문, 의지의 문, 지성의 문, 몸의 문, 상상력의 문, 영의 문을 각각 지나면서 나름의 마당을 거치게 되고 최종적으로 하나님의 지성소에 이르게 됨을 이 책은 묘사합니다.

이 책은 인간의 이성적 기능만으로 신학을 해왔던 좁은 신학적 범주를 넘어서, 인간의 제반 기능 곧 정의지체와 통찰력, 상상력, 영적 능력 등이 모두 신학함에 중요한 요소들임을 보이고 있습니다. 이러한 다양한 하나님에 대한 접근의 방식들이 하나님 체험이란 개념으로 종합되는데, 하나님 체험이란 말은 영성신학자들이 종종 사용하고 있는 개념이기도 합니다.

노 총장님은 이 책을 출간함과 동시에 '세븐게이트 시리즈'를 구상하고 있습니다. 이 책은 하나님께 접근하는 일곱 가지 방법을 다루는 반면, 이후 시리즈에서는 세븐게이트로서의 예배, 이웃사랑, 사회변혁

등의 문제를 다룰 예정이며, 세븐게이트의 신학에 의거한 목회방식, 성경공부 방법, 선교와 전도 방식, 캠퍼스 선교운동, 카페와 사회적 기업의 운영 방식, 마을 만들기 운동도 다루는 등 이 시리즈들을 장기간에 걸쳐 완성할 계획을 가지고 계신다고 들었습니다. 이 같은 노 총장님의 기획들이 한국 교회와 목회에 많은 도움이 되길 바라며, 아울러 새로운 신학함의 길을 제시하였으면 하는 바람입니다.

특히 노 총장님께서는 호남신학대학교의 총장직을 맡아 학교 발전을 위해 애쓰시며, 본 책의 수익금을 학교의 발전을 위해 전액 쓰시려고 합니다. 이에 『하나님의 세븐게이트』를 구입하시는 모든 분들은 저절로 지역의 신학대학교를 후원하는 보람도 갖게 될 것입니다. 이 책을 읽는 많은 분들이 하나님을 깊게 만날 뿐 아니라, 신학교육도 돕는 좋은 기회를 갖게 되길 소망하여 봅니다. 여러분들의 작은 정성이 큰 힘이 될 것입니다.

_ 명성교회 김삼환 목사

The Seven Gates of God's Sanctuary

목차

추천의 글 _ 명성교회 담임목사 김삼환 04

성전문으로 들어가며 11

세븐게이트와 하나님 경험의 신학 / 영혼몸 / 이 책의 구조와 쉐마에 나타난 인간의 기능들 / 마가복음 12장 30절에 나타난 인간의 네 가지 기능들 / 하나님을 체험하는 여러 가지 길 / 성령을 통해 변화받아야 할 우리의 내면세계

첫 번째 문 통찰의 문: 하나님을 느끼다 51

모세와 에스더의 유사성과 차이점 / 하나님의 직접적인 섭리와 간접적인 섭리 / 우연 속에 역사하시는 하나님 / 하나님의 섭리에 대한 응답으로서의 소명 / 우연성의 극치로서의 '부르' / 필연과 소명 / 첫 번째 문, 통찰의 문 열기 / 이해를 위한 질문들

두 번째 문 마음의 문: 하나님을 사랑하다 69

행위와 존재 / 기초와 집, 나무와 열매 / 선행도 마음에서 나오며, 악행도 마음에서 나온다 / 마음의 복을 강조하는 팔복 / 산상수훈이 강조하는 마음 / 속마음을 단장하는 방법 / 두 번째 문, 마음의 문 열기 / 이해를 위한 질문들

세 번째 문 의지의 문: 하나님을 믿다 103

모세에게 주신 하나님의 이적 표징 / 증거의 책, 요한복음 / 요한복음의 전반부 : 증거와 표적의 책 / 요한복음의 후반부 : 증거에 대한 믿음을 가능하게 하는 성령 / 요한일서에서 언급된 세 가지 증거 / 세 번째 문, 믿음으로서의 의지의 문 열기 / 이해를 위한 질문들

The Seven Gates of God's Sanctuary

네 번째 문 지성의 문: 하나님을 알다 129

나를 여호와인줄 알리라 / 하나님께서 자기를 알리신 방법 / 대언자를 통해 말씀하심 / 하나님께서는 자신이 하신 말씀을 이루시는 분이다 / 그때 그들은 하나님을 알게 된다 / 네 번째 문, 지성의 문 열기 / 이해를 위한 질문들

다섯 번째 문 몸의 문: 하나님을 따르다 149

하나님을 따르다 / 이웃 사랑 속에서의 하나님 체험 / 하나님 사랑과 이웃 사랑 / 남을 사랑함으로써 참 생명에 이르게 된다 / 다섯 번째 문, 몸의 문 열기 / 이해를 위한 질문들

여섯 번째 문 상상력의 문: 하나님을 보다 169

문자로서의 계시와 그림으로서의 계시: 개념화와 영상화 / 요한계시록의 영상성과 그림으로서의 설교 / 메타이미지로서의 성경의 계시 / 여섯 번째 문, 상상력의 문 열기 / 이해를 위한 질문들

| 일곱 번째 문 | 영의 문: 하나님을 경험하다　199

나는 스스로 있는 자라 / 초월하신 하나님 / 기독교는 체험의 종교 / 작은 체험 / 정의지체의 통전적 경험 / 출애굽기 40장 34-38절 / 일곱 번째 문, 영의 문 열기 / 이해를 위한 질문들

성전문을 나서며　219

하나님 사랑과 이웃 사랑 / 이 책을 소그룹 성경공부에서 활용하기 / 성전문을 나서며 / 간단한 후기 / 이해를 위한 질문들

The Seven Gates of God's Sanctuary

성전문으로
들어가며

마가복음 12장 30절
"네 마음을 다하고 목숨을 다하고 뜻을 다하고 힘을 다하여
주 너의 하나님을 사랑하라 하신 것이요."

세븐게이트와 하나님 경험의 신학

이 책은 하나님 경험의 문제를 다루는 책이다. '하나님 경험'(the experience of God)은 영성신학에서 자주 거론되는 개념으로 하나님 인식과 구별된다. 하나님 인식이란 말은 주로 인간의 이지적인 측면과 연관된 반면, 하나님 경험은 인간의 총체적인 기능과 관련된다. 이러한 하나님 경험의 신학은 하나님 인식의 신학을 넘어서서 인간의 정서적이며, 의지적이며, 지적이고, 영적이며 육체적인 모든 기능을 통해 하나님과 총체적으로 만나는 문제를 다루는 것이다.

루터(Martin Luther)는 신학을 'sapientia experimentalis et non doctrinalis'라고 정의했다. '교리가 아니고 경험의 지혜'라는 뜻이다. 종교개혁자 루터는 신앙의 체험을 강조한 경건주의 신학자들에게 영향을 받은 자로서, 그는 신학을 지적인 학문으로만 보지 않았다. 루터는 신학을 'Theologia est practica, non speculativa'라고 종종 언급했다. '신학은 사변이 아니라 실천이다'라는 말이다. 우리는 신학을 지성적인 학문으로만 보아선 안 되며, 인간의 모든 경험적 차원을 반영하는 실천적 학문으로 생각해야 할 것이다. 이와 같이 필자는 이 책에서 인간의 총체적 기능들이 모두 발휘되는 신학을 발전시키고자 했다.

루터는 이에 의거하여 신학함의 방법을 '묵상'(meditatio)과 '기도'(oratio)와 '시험'(tentatio)의 세 가지로 언급했다. 묵상이란 하나님 말씀 묵상을 의미하는 것으로 상당히 이지적 차원의 신학공부 방법이다. 다음으로 기도는 우리의 경건 생활 실천과 연관된다. 학문으로서의 묵상과 경건으로서의 기도를 강조한 것이다. 우리의 신학은 학문을 무시하는 경건이나, 경건이 없는 학문이 되어서는 안 된다. 하나님에 대한 사랑, 두려움, 존경으로서의 경건이 그분에 대한 이해와 연결되는 신학이 되는 것이 바람직하다. 마지막으로 시험이란 삶의 경험과 고통을 통해 하나님을 체험하는 차원을 가리킨다. 자신에게 닥친 삶의 시험과 영적 시련 중에서 하나님을 만나게 되며 그와 가까워지게 된다는 것이다. 이상과 같이 종교개혁자 루터는 신학을 지성적인 것으로만 환원치 않았다. 신학엔 학문뿐 아니라 경건이 있고 체험이 있으며 느낌이 있고 결단이 내포되어 있다는 것이 루터 신학에 대한 견지라 할 수 있다.

필자는 이 책의 제목을 『하나님의 세븐게이트』로 정했다. 하나님을 체험하는 일곱 가지 방법을 설명하는 책이다. 경험(experience)이란 말은 인식(recognition)이란 말과 다르다. 인식은 주로 우리의 이성적 기능과 연관된 것이라면, 경험은 인간이 가진 총체적 기능과 연결된다. 경험은 이성으로서의 인식뿐 아니라 마음의 느낌, 혼의 의지력, 몸의 실천, 영적인 교감 등 총체적 인간의 기능을 포함한다. 인간의 경험이란 이성과 함께 인간의 통전적인 기능을 포괄하는 것이다. 인식론(epistemology)은 인간의 이지적 인식의 문제를 다루고 있는 반면, 인간의 총체적 경험 문제는 해석학(hermeneutics)의 범주와 연관된다. 인식론을 가지고는 우리가 책을 읽고 그 내용을 파악하는 것은 설명할 수 있으나, 그림을 보고 음악을 들으며 그것을 감상하는 차원에 대해선 설명치 못한다. 그러나 해석학은 인간의 이 같은 총체적 경험에 대한 이해와 해석을 가능하게 한다.

오늘의 시대엔 지난날의 인식론이 해석학으로 대치되었다. 이지적인 인간의 앎의 문제만으론 인간의 다양한 차원의 이해들을 풀어낼 수 없는바, 인간의 전 기능을 통한 경험의 문제를 부각시켰던 것이다. 책의 문자를 이해하는 것으로서의 좁은 학문에서 벗어나, 더 넓은 학문의 길로 정진할 필요가 있다. 예를 들어 중세신학의 내용을 파악하기 위해서, 중세에 쓰인 책 속의 문자들을 이해하는 데에만 역점을 둘 것이 아니라, 중세 시대의 그림, 건축, 음악, 무용, 생활풍습 등 전체적 문화의 이해가 중요하다는 것이다. 한 시대의 역사는 역사책을 통해서만 분석되는 것이 아니며, 그 시대의 문화 전반 또는 생활 전반의 내용을 통해 이해될 수 있다. 우리는 인간 삶의 전 차원을 이성적인 범주 내에서만 파악하려 해서는 안 되며 정서와 의지와 영성과 행동의 총체적 차원에서 이해하려 해야 할 것이다.

이 책은 이 같은 인간의 총체적 기능과 연관된 하나님 경험의 문제를 다루고 있다. 인간의 정의지체를 포함한 통찰력과 상상력, 영적 능력 등이 망라된 인간의 전 기능을 포괄하는 신학함의 방법을 서술한다. 이런 견지에서 필자는 이 책을 아래와 같이 구성하였다.

이 책은 하나님을 경험하고 그에게 다가가는 길을 가르친다. 성전의 문들을 하나하나 열고 들어가 하나님의 존전에 다가서게 되는 과정을 그리고 있는 것이다. 이 책에서 필자는 하나님 경험의 다차원성에

책의 구성

문의 순서	문의 이름	하나님 경험의 차원	연관된 인간의 기능	관련 성경
성전문으로 들어가며	성전 마당	하나님 경험의 신학	전인적 차원	신명기 6:5 마가 12:30
첫 번째 문	통찰의 문	하나님을 느끼다	통찰	에스더
두 번째 문	마음의 문	하나님을 사랑하다	정서(마음)	마태복음
세 번째 문	의지의 문	하나님을 믿다	의지(혼)	요한복음
네 번째 문	지성의 문	하나님을 알다	지성(정신)	에스겔
다섯 번째 문	몸의 문	하나님을 따르다	행동(몸)	요한일서
여섯 번째 문	상상력의 문	하나님을 보다	상상력	요한계시록
일곱 번째 문	영의 문	하나님을 경험하다	온전한 영	출애굽기
성전문을 나서며	세상을 향해	하나님 사랑과 이웃사랑	인적 차원	마태 22:36-40

대해 설명하려 하였다. 우리는 하나님을 이지적으로 아는 것만으론 부족하다. 하나님은 이지적인 앎과 함께 정서적인 느낌, 의지적인 결단, 몸의 실천과 상상력의 봄을 통해 총체적으로 경험되는 그런 분이시다.

성전 현관을 지나면 첫 번째 문이 나타난다. 통찰의 문이다. 하나님을 안다는 것은 바닷가 모래사장에서 잃어버린 반지를 찾는 것과 비슷하다. 우리 인간들은 이 세상에서 수많은 경험을 하며 산다. 그러한 경험 가운데서 하나님 경험을 정제한다는 것은 쉬운 일이 아니다. 모든 것이 의미 없는 우연같지만, 그 가운데에는 하나님의 예정과 섭리가 숨어 있음을 필자는 기술하였다. 통찰력을 가진 이들은 우리 삶의 경험들에서 하나님의 얼굴을 발견해 내지만, 통찰력이 없는 사람은 그 잃어버린 반지를 찾아 내지 못한다. 우리 삶에 우연이란 없다. 모든 것들은 주님의 뜻에 의한 것으로 우리는 삶 전반에 숨어 있는 주님의 손

길을 찾아야 한다.

두 번째 문은 마음의 문이다. 하나님께 다가가기 위해서는 먼저 정서가 움직여야 한다. 정서의 자리인 마음이 온전하지 않고는 하나님과 만날 수 없다. 하나님에 대한 지식이 먼저가 아니라, 하나님을 사랑하는 정서가 먼저다. 우리는 교회학교 학생들을 교육하며 하나님을 이지적으로 설명하려고만 해서는 안 된다. 먼저 하나님을 마음으로 느끼게 하는 것이 필요하다. 그들을 주님의 사랑으로 사랑할 때, 그들은 우리의 마음을 통해 하나님을 느낄 수 있을 것이다. 주님께 다가갈수록 마음이 따뜻해지는 것을 우리는 느끼게 된다.

세 번째 문은 의지의 문이다. 하나님을 만나기 위해서는 의지와 뜻에 따른 결단이 있어야 한다. 성경은 하나님과 예수 그리스도를 믿는 것의 중요성을 자주 언급한다. 믿음이 있어야 구원받는다는 것이다. 이 믿음과 신념은 모두 인간의 의지와 연관되는 것으로 그것은 삶의 용기 및 희망과도 연결된다. 전능하신 하나님이 계시며 그분이 나를 축복하시고 잘되게 하시는 분이라는 확신은 인간이 세상을 사는 데 아주 소중한 자원이 된다. 그것은 부모가 자식을 사랑하기 때문에 하는 결단과도 상관된다. 예전 우리의 부모님들은 자식들을 키우느라 많은 고생을 하셨다. 어떤 부모들은 장바닥에 좌판을 깔고 생선을 팔기도 하셨다. 추운 겨울, 시장바닥에서 물에 젖은 생선을 파는 일이란 정말 힘든 일임에도 부모님들은 자식을 위해 그러한 고통을 감내하셨던 것이다. 이러한 삶의 의지력은 인간의 고통을 넘어서게 하며 삶의 어려움을 뚫고 나가는 힘을 준다. 그러한 삶의 의지력과 용기가 없다면 우리는 다른 사람을 바르게 사랑할 수 없을 것이며 주님을 사랑할 수도 없을 것이다.

네 번째 문은 지성의 문이다. 이 장은 하나님을 인식하여 아는 문제를 다룬다. 하나님은 통찰과 마음과 의지에 의해 경험됨과 동시에 우리의 지적인 능력을 통해 만나게 되는 그런 분이시다. 하나님의 말씀이신 성경을 읽고 그것을 이해함으로써 우리는 주님께 다가가게 된다. 그 주님의 말씀과 우리의 현실의 삶이 정합되는 것을 보고 우리는 말씀의 힘을 깨닫게 된다. 하나님은 마음의 열정만으로 경험되는 분이 아니시다. 머리의 지성과 지혜의 능력에 의해 우리는 주님과의 더 풍성한 만남을 경험하게 된다.

다섯 번째로 몸의 문이 나타난다. 몸의 문은 우리의 실천과 행함과 노동의 중요성을 지적한다. 하나님을 만나는 일은 통찰력과 정서와 의지와 지성의 힘만으론 부족하다. 몸의 실천이 따르지 않고는 하나님과의 만남이 현실화되지 않는다. 그저 뿌연 안개와 같은 주님의 형상만 보일 뿐이다. 우리의 실천을 통해 주변의 이웃과 하나님을 사랑할 때, 우리는 얼굴과 얼굴을 대하여 보듯 주님 앞에 서게 됨을 느끼게 될 것이다. 말로만 남을 사랑하는 것으론 부족하다. 행함이 없는 믿음은 죽은 믿음이기 때문이다. 행함을 통해 우리의 사랑이 현실화되지 못한다면, 우리의 삶이란 그저 영화의 한 장면과 다를 바 없게 된다.

다음으로 여섯 번째 문인 상상력의 문을 언급하겠다. 통찰과 정의지체의 문을 지나 우리는 상상력의 문에 이르게 된다. 상상력을 통해 우리는 영적인 세계를 보게 된다. 사과나무에서 사과가 떨어지는 것을 보고 만유인력의 법칙을 보았던 뉴턴과 같이, 우리는 상상력을 통해 영적 실체를 파악하게 되는 것이다. 영적인 눈을 가진 사람에겐 영적인 세계가 있는 것이나, 그렇지 못한 자에겐 영적인 세계는 없는 것과 다름없다. 영적 상상력이 없는 영적 소경인 자들이 우리 주변에는 즐비하다.

다음으로 우리는 일곱 번째 문인 영의 문 앞에 서게 된다. 영은 인간의 모든 기능이 온전히 조화될 때 발현하게 된다. 마음과 몸이 유기적으로 잘 조화되어 충분히 그들의 역할을 발휘하게 될 때, 하나님 영의 역사가 드러나게 되는 것이다. 그것은 내가 조정하여 되는 것이 아니며, 나도 모르는 사이에 나에게 주어지는 은혜와 같은 성격을 갖는다. 모세는 호렙산에서 하나님의 존전에 서게 되었다. 떨기나무의 불꽃을 봄과 동시에 그는 하나님의 음성을 듣게 된다. 그것은 성경의 문자로 주님을 만나는 것과 다른 차원이다. 우리의 눈과 귀를 통해 멀티미디어적이며 총체적으로 하나님을 체험하는 장면이다. 이후 그 모세에게 나타나신 하나님께서 구약의 문자에 고정되었기에, 예수 그리스도께서 오셔서 문자의 세계를 넘어서는 하나님과의 체험 세계를 다시 여셨던 것이다. 하나님에 대한 지식만으론 주님을 충분히 바라볼 수 없다. 전인적인 인간의 체험을 통해 우리는 진정 하나님과 만나게 된다. 그러한 세븐게이트를 지나 우리는 주님의 품에 안기게 되는 것이다. 이전 순교자 스데반을 하나님께서 반기셨듯, 마지막 문을 열고 들어가면 그곳에 주님이 서 계신다. 그곳은 주님의 광명과 천국의 향기가 그득한 곳이다. 천국의 찬양 소리 중에 우리를 향하여 오시는 하나님의 손을 잡고, 우리는 황금 길을 걷게 될 것이다.

이제 우리는 성소의 문을 나와 다시 이 세상 한가운데로 들어가게 된다. 언제나 변화산 위에만 머무를 수는 없다. 우리에게는 이 세상이라는 엄연한 현실이 있다. 하나님에 대한 체험은 우리의 현실에서 이웃 사랑의 행위로 열매 맺어야 한다. 하나님 사랑과 이웃 사랑의 방법은 다른 것이 아니다. 우리의 통찰력과 정의지체와 상상력 및 경험 전반을 통해 주님을 만나게 되듯, 우리는 우리의 이웃도 동일한 방법으로 사랑하게 된다. 마음과 목숨과 뜻과 힘 곧 우리의 정서와 의지와 지성과 몸을 다 바쳐 하나님과 이웃을 사랑하게 된다는 것이다.

영 · 혼 · 몸

1) 이분설과 삼분설

이 책을 잘 이해하기 위해서는 먼저 인간에 대한 기독교적 연구가 요청된다. 성경이 언급하는 인간론에 대한 이해 없이는 이 책의 내용을 잘 이해할 수 없을 것이다. 특히 이 부분에선 인간의 구성요소를 살펴보려 한다. 전통적으로 서방 교회는 인간을 물질적인 것(몸)과 비물질적인 것(영혼)으로 되어 있다는 이분설(dichotomy)을 주장한 반면, 동방

교회는 영(spirit)과 혼(soul)과 몸(body)으로 구성되어 있다는 삼분설(trichotomy)을 주장했다. 하지만 히브리적 사고방식은 인간을 이와 같이 나누지 않으며 오히려 하나의 통전적인 인격체임을 강조한다. 히브리적 사고방식은 인간을 이분설이나 삼분설로 파악하지 않는다. 구약의 히브리인들은 인간을 일원론(monism)적인 견지에서 바라보려 했던 것이다.

삼분설은 인간을 세 가지 기능으로 구별하는 반면, 이분설은 성경 말씀이 영과 혼을 구별하지 않는다고 말하면서 이 둘을 하나의 것으로 본다. 영과 혼의 두 개념을 '영혼'이란 단어로 합쳐 언급하는 것이다. 먼저 성경은 인간의 요소를 셋으로 구분할 때도 있다. 데살로니가전서 5장 23절은 다음과 같이 언급한다.

"평강의 하나님이 친히 너희를 온전히 거룩하게 하시고 또 너희의 온 영과 혼과 몸이 우리 주 예수 그리스도께서 강림하실 때에 흠 없게 보전되기를 원하노라."

위의 본문은 삼분설의 가장 강력한 근거가 되는 본문으로, 인간을 구성하고 있는 요소를 영과 혼과 몸의 셋으로 구분한다. 하지만 성경에는 이와 같이 인간의 구조를 삼분하여 명확히 말하는 말씀이 많지 않다. 많은 학자들은 이 본문을 영과 혼을 구분하는 것으로 보기보다는 한 구성체의 반복적인 표현으로 간주하기도 한다.

이와 같이 성경은 인간을 두 가지 요소로 구별하여 표현할 때가 많다. 마태복음 10장 28절은 "몸은 죽여도 영혼은 능히 죽이지 못하는 자들을 두려워하지 말고 오직 몸과 영혼을 능히 지옥에 멸하실 수 있는 이를 두려워하라."고 한다. 고린도전서 5장 5절은 "이런 자를 사탄에게 내주었으니 이는 육신은 멸하고 영은 주 예수의 날에 구원을 받게 하려 함이라."고 하였다. 이 본문들은 인간이 몸(육)과 혼이나 또는 몸과 영의 두 요소로 구성되어 있다고 설명한다. 이 두 본문에서 주목되는 점은 인간이 어느 때는 몸과 혼으로, 또 다른 때는 몸과 영으로 구성되어 있다고 하면서, 혼과 영을 동일선 상에서 언급하고 있다는 점이다.

누가복음 1장 46-47절은 "마리아가 이르되 내 영혼(혼)이 주를 찬양하며, 내 마음(영)이 하나님 내 구주를 기뻐하였음은"이라고 한다. 앞의 영혼이란 단어는 헬라어 '프쉬케'로서 혼을 말하며, 뒤의 마음이란 단어는 '프뉴마'로서 영을 의미한다. 이 본문은 혼과 영이 서로 교체되어 사용될 수 있는 단어들임을 우리에게 말해주고 있다.

이런 여러 성경의 내용들로 볼 때, 인간의 요소를 셋으로 나누는 것보다 몸과 영혼의 둘로 나누는 것이 더 바람직할 것 같다. 여기서 영혼이란 단어는 영과 혼을 둘 다 포괄하려는 개념이다. 실제로 인간의 요소를 셋으로 나눌 경우, 인간 주체로서의 보이지 않는 본질이 영에 있는지 혼에 있는지 혼동이 생기게 된다. 또한 우리가 우리 자신에 대해 성찰해볼 때, 영과 혼이 구분됨을 상상하기 어려운 것도 삼분설을 지지하기 어려운 이유가 된다. 우리가 하나님의 성령을 받을 경우, 그 영이 우리의 혼과 다른 어떤 요소로서 인간 내에 존재한다고 말하기는 어려울 것 같기 때문이다. 하지만 성경의 여러 증언들을 고려하여 볼 때 삼분설이 틀리다고 단정하는 것도 옳지는 않게 보인다.

그러나 이 몸과 영혼 또는 육과 영혼으로 인간이 구별된다고 하여, 이 둘이 서로 분리된다고 말하는 것은 옳지 못할 것이다. 창세기 2장 7절은 "여호와 하나님이 땅의 흙으로 사람을 지으시고 생기를 그 코에 불어넣으시니 사람이 생령이 되니라."라고 말한다. 여기에서 생령이란 말은 히브리어 '네페쉬 하야'로서 생령이라는 번역보다 생혼으로 번역하는 것이 좋을 것이다. 이 본문은 인간이 흙으로서의 육과 하나님의 숨으로서의 영이 합해져 혼이라는 통일체가 되었음을 강조한다. 앞에서 언급하였듯 성경은 대체적으로 인간을 영혼과 몸으로 구별하지만 그 둘이 나뉘어 있는 것이 아니라 하나된 합일체임을 강조한다. 이에 우리는 이 둘을 나누어 생각하려는 이원론적 사고방식은 지양해야 할 것이다.

심리의 건강과 몸의 건강의 문제를 연결하여 탐구하는 생리심리학의 한 책은 다음과 같이 설명한다. 몸과 마음 중 그 어느 하나가 독립된 인간이 될 수 없기에 이 둘이 하나가 되어 움직이는 관계가 건강과 평안이다. 그 관계에 지장이 생기면 문제가 생기는 것이며 파괴되면 죽는 것이다. 쉬운 예를 들어 정신분열증 환자들은 마음이 몸 밖에서 움직이고 있어 통일을 잃은 상태가 된다. 마음이 하는 일에 몸이 동의 하지 않고 몸이 원하는데 마음이 동참하지 않는 데서 갈등이 생기고 병이 생기며 문제가 일어난다는 것이다. 생리심리학에선 몸과 혼 사이의 균열이 병적 증세를 야기한다고 설명한다. 인간을 이원론적으로 분리하여 생각하는 것은 정상이 아니라는 것이다.

필자가 보기에는 이러한 이분설이나 삼분설 또는 일원론이나 이원론 논쟁은 별 의미가 없는 것 같아 보인다. 일원론을 주장한다고 하여 인간에게 영과 몸의 구별(difference)이 전혀 필요 없다고 말하는 것은 옳지 않다. 인간을 살펴보면 기능상의 다양함이 있음을 부인할 수 없기 때문이다. 또한 이분설이나 삼분설을 주장한다고 하여 인간을 구성하는 각각의 기능이 별개의 독립적인 것으로 분리(separation)되어 있다고 말하는 것도 옳지 않다. 성경적으로나 우리의 경험으로 비추어 볼 때 그러한 주장은 타당성이 없다. 인간의 마음과 몸은 연관되어 서로 영향을 주는 것이 분명하기 때문이다. 이에 필자는 인간의 영과 혼과 몸 등을 인간을 구성하는 요소로 보기보다 기능상의 차이로 일단 생각하려 한다. 그것을 기능적인 측면에서만 보면, 통일성이 저촉되지 않으며 상호간의 불필요한 범위 설정이 필요 없기 때문이다. 그것들이 요소로 나뉘느냐 안 나뉘느냐의 문제는 차치하고, 일단 기능적인 차이만을 인정하며 검토하자는 것이다.

보통 혼은 인간의 인격적 주체를 나타내는 말로 언급된다. 혼은 동물과 다른 인간의 의식적 측면을 강조하는 말로 이성, 의지, 감성 등의 내용을 포괄한다. 성경은 인간의 구조를 설명하면서 마음, 혼, 정신,

몸 등의 용어들을 사용하는데, 이들을 각각 인간의 구성 요소로 이해 하기보다는 필자는 이것들을 일종의 요소적 기능들로서 검토하려 하는 것이다. 딱히 기능이라는 말로 표현하기가 어려우므로 '요소적 기능'으로 표명하였다. 이러한 인간의 구조적 문제들에 대해서는 차후 신학자들이 더 탐구해 보았으면 하며, 이곳에선 이 정도의 표명으로 그에 대한 설명을 접으려 한다.

2) 기능적으로 구별된다고 하여도 서로 간 분리되는 것은 아니다

이에 필자는 이러한 인간의 구조를 말하는 성경의 여러 용어들을 요소적인 입장에서보다는 일종의 기능상의 문제로 생각하며 정의해보려 한다. 인간의 지성과 의지, 정서의 기능들은 서로 구별이 가능하다.

인간의 구성 요소

	인간의 구성 요소에 대한 여러 생각들					
일원론	영혼과 몸이 하나 된 전인적인 통일체로 인간 이해					히브리적 사고
이원론	영(영과 육으로 둘로 나누고 육은 영보다 저급한 것으로 간주하는바 성서적이 아니다.)				육	헬라적 사고
이분설	비물질적인 것(영혼 : 영과 혼) : 삼분설보다는 이 분설이 성경적 견지에서 더 타당한 것 같다.				물질적인 것 (몸)	서방교회 (가톨릭, 개신교)
삼분설	영(spirit)		혼(soul) : 인격 주체로 성경에서 영혼 이나 목숨으로 종종 번역되었다.		몸(body)	동방교회
기능상 분류	영(성)	마음(감성)	혼(의지)	정신(지성)	몸(행동)	기타 통찰력, 상상력
히브리어	루아흐	렙(레밥)	네페쉬	(세켈)	므오트	신 6:4-5
헬라어	프뉴마	카르디아	프쉬케	디아노이아	이스퀴스	막 12:30
잘못된 삼분설	영(하나님 의식)	혼(자아 의식), 타락 후 영이 죽고 구원 후 영이 소생한다고 함.			몸 (세상 의식)	워치만 니 등

그렇다고 하여 서로 분리되어 있는 것으로 보아서도 곤란할 것 같다. 성경에서 마음이라고 번역되는 히브리어 '렙'을 필자는 정서와 많이 연관되는 것으로 간주한다. 그러나 그 말은 이러한 '렙'이 정서적인 주된 면모를 가진다는 것이지, 인간의 다른 기능들과 상관되지 않는 것을 의미하는 것은 아니다. 구약성경에서 보면 이 '렙'이라는 단어가 지성이나 의지적인 측면의 뜻으로도 빈번히 사용되고 있기 때문이다. 마음이라고 번역되는 헬라어 단어로 '카르디아'가 있다. 이것은 '렙'이라는 단어와는 달리 정서적인 용법으로 성경에서 주로 쓰인다. 그러나 이 '카르디아'가 정서적인 의미로 주로 쓰인다고 해서, 그것이 지성적이며 의지적인 측면과는 전혀 상관이 없다고 말하는 것은 옳지 않다. 신약성경에서 보면 이 단어 또한 인간의 다른 기능들과 연관되어 사용되는 것임을 알게 된다.

혼에 해당하는 히브리어는 '네페쉬(하야)'이다. 이 단어는 창세기 2장 7절에서 '생령'이라고 번역되는바, 그것은 몸을 이루는 진흙과 생명이 되는 숨의 결합체로 간주된다. 결국 이 '네페쉬'라는 개념은 영과 몸의 한 가지 중 어떤 것이라고 보기 어렵다. 그것은 인간의 내적 생명과 외적인 몸에 걸쳐 있는 것으로서, 분할된 어떤 독립적 기능이 아니다.

몸(헬라어로 '소마') 또한 혼(헬라어로 '프쉬케')에 의해 생기가 넣어진 육(헬라어로 '사륵스')으로서, 이 양자를 별도의 기능으로 쪼갤 때에는 문제가 생기게 된다. 필자는 영, 마음, 혼, 이성, 몸을 서로 독립된 별개의 기능으로 보지 않는다. 그것들은 서로 중복되어 있어 겹치는 부분이 많다.

그러나 이렇게 서로 공유되는 부분들이 있다고 해서 각 부분의 독특한 기능적인 면들이 있음을 무시하는 것도 옳지 않다. 먼저 마음(히브리어 '렙', 헬라어 '카르디아')의 특징적인 면을 살피도록 하자. 영어로 'heart'로 표현되는 헬라어 '카르디아'를 정서적인 면을 의미하는 단어로 보는 데에는 무리가 없을 것 같다. 그러나 히브리어 '렙'이라는 단어는 좀 복잡하다. 그 단어는 성경에서 지성과 정서와 의지 모두를 포괄하는 인간의 내적 존재(inner being)를 가리키는 말로 자주 쓰이기 때문이다. 그러나 필자는 이 '렙'을 정서적인 특징을 가지는 단어로 분류하려 한다. '렙'의 우선적인 면은 그것이 딱딱해지거나 부드러워질 수 있다는 데에 있다(출 7:13, 욥 23:16). 마음이 딱딱해질 경우 곧 강퍅해질 때 그 마음은 여유를 잃게 된다. 그렇게 되면 모든 사물의 관계를 표면적인 것으로만 파악하여 그 이면의 의미를 읽지 못하게 된다. 언어의 사용도 상당히 문자적이며 지시적이게 된다. 그 언어가 내포하는 여분의 의미를 찾지 못하는 것이다. 우리는 이러한 상태를 상상력이 고갈된 상태라고 말할 수 있다. 이에 구약의 '렙'이라는 단어는 상상력(imagination)이라는 말로 번역되기도 한다. 창세기 6장 5절에는 '마음의 계획'이라는 말이 있다. 그러나 올바른 번역은 '마음의 상상력'이라고 해야 할 것이다. 마음은 상상력의 출처가 된다. 상상력은 지성적이라기보다는 미학적이며 직관적이고 정서적인 차원의 개념이다. 물론 그 상상력이 정서적인 차원에만 머물러 있고 지성적인 차원과는 연관을 맺지 못한다면, 그것은 우리의 삶에 긍정적으로 이용되지 못할 것이다.

다음으로 혼(히브리어 '네페쉬', 헬라어 '프쉬케')이라는 단어도 독특한 기능이 있음을 파악하게 된다. 이 단어들도 물론 의지적이고 지성적이며 정서적인 의미로 고루 쓰인다. 창세기 23장 8절의 말씀을 보면, 히브리어 '네페쉬'를 뜻(will)으로 번역하고 있음을 발견하게 된다. '네페쉬'는 구약 가운데에서 의지적인 측면의 용어로 자주 사용된다. 특히 그 단어와 연결되어 자주 쓰이는 용어가 있는바 그것은 욕구(desire)라는 단어이다. '네페쉬'는 인간이 어떤 것을 결단하는 상황을 묘사하는 데에 자주 쓰이는 단어이다. 헬라어 '프쉬케'도 마찬가지다. 이 단어는 인간의 생명력과 관련이 있다. 하지만 필자는 이 생명력이 의지적인 면과 연관되는 것으로 설명하고자 한다. 빌립보서 1장 27절을 보면, '한 뜻'이라는 단어가 나오는데, 여기에서의 뜻은 '프쉬케'의 번역이다. 물론 '프쉬케'도 지성적이며 정서적인 면과 연결된다. 그러나 의지적인 면을 우선적인 특징으로 하는 것으로 보고 싶다. 히브리서 6장 19절에는 다음의 말씀이 나타난다.

"우리가 이 소망이 있는 것은 영혼(프쉬케)의 닻 같아서 튼튼하고 견고하여 휘장 안에 들어가나니."

이 본문의 말씀은 인간의 혼을 일종의 닻줄로 표현한다. 인간 존재의 심연에 확실하게 내려진 닻과 같은 것이 '프쉬케'다. 확실하게 내려진 닻은 배를 이리저리 요동하지 않게 만든다. 풍랑이 심하더라도 분명한 의지를 가지고 용기 있게 대처하는 자가 되는 것이다. 영어로 된 사전 중 『정신과 영에 관한 사전』(The Dictionary of Mind and Spirit)이 있다. 이 사전의 혼을 설명하는 항에서 영과 혼과 몸의 관계를 다음과 같이 언급한다.

> "몸이 혼에 의해 생기가 주어지는 것과 똑같은 방법으로 혼은 영에 의해 생기가 주어지게 된다. 우리가 몸을 인격화된 혼으로 보는 것과 같이 혼은 개별화된 영이다."

영은 혼에 영향을 미치고 혼은 몸을 통제한다는 의미이다. 그렇게 혼은 영과 몸을 연결하는 중간 위치에 있다는 것이다. 혼은 인간 내면의 잠재성을 몸으로 형체화하여 현실화하는 힘으로서 행동의 결단을 야기하는 인간의 의지적 측면과 연관된다.

이 책의 구조와 '쉐마'에 나타난 인간의 기능들

이 책에서 필자는 총체적 하나님 경험의 신학을 전개하려 한다. 하나님을 이성적으로 따져서 아는 것만으로는 부족하며 우리의 모든 기능을 동원하여 하나님을 체험하는 것이 중요함을 말하려 하는 것이다.

하나님께 접근하는 데에는 우리의 이성적 기능만이 역할을 하는 것이 아니며 인간의 전 기능이 활동해야 한다는 것이다.

이에 필자는 앞에서 하나님 경험의 구성 요소들에 대해 언급한 바 있다. 통찰력, 마음의 정서, 의지, 지성, 몸, 상상력, 영으로서의 인간이 지니고 있는 7개의 기능이 발휘되어 우리는 하나님을 총체적으로 체험하게 됨을 기술하였던 것이다. 신학을 우리의 머리와 이성만으로 하는 것으로 생각하지만 그렇지 않다. 바른 신학이 되기 위해서는 우리의 이성을 훈련하여야 할 뿐만 아니라, 정의지체와 통찰력과 상상력과 영성을 모두 훈련할 필요가 있다.

성경은 하나님께 접근하는 데 인간의 이런 제반 기능들이 중요함을 언급한다. 신명기 6장 4-5절에는 "이스라엘아 들으라. 우리 하나님 여호와는 오직 하나인 여호와시니, 너는 마음을 다하고 성품을 다하고 힘을 다하여 네 하나님 여호와를 사랑하라."는 말씀이 있다. 신명기의 이 부분은 보통 '쉐마'라고 불리는데 히브리어로 '들으라'라는 뜻을 가진다. 우리 성경은 '이스라엘이여 들으라'라고 시작하지만 본래의 히브리어 성경은 '들으라 이스라엘이여'와 같이 '들으라'(쉐마)라는 말로 시작한다. 신명기는 전체적으로 모세가 하나님으로부터 받은 율법을 재해석하는 책으로서, 이 4, 5절 부분은 십계명의 전반부를 다시 해석하는 내용으로 생각된다.

이 쉐마는 하나님을 예배하는 방법에 대해 설명하면서, 마음과 성품과 힘을 다해 여호와를 사랑하라고 언급한다. 하나님을 사랑함으로써 하나님께 접근하려면 인간이 가지고 있는 세 가지 기능이 발휘되어야 하는데, 이 본문은 그것을 마음과 성품과 힘으로 말하는 것이다.

마음과 성품과 힘이라는 단어의 히브리어는 각각 '렙' 과 '네페쉬' 와 '므오트' 이다. '렙' 은 인간의 가장 깊이 있는 내적 존재(the inner being)를 일컫는 말이다. '네페쉬' 는 혼(soul)을 의미하는 것으로, 헬라어로는 '프쉬케' 로 표현된다. '므오트' 는 한글성경 번역 그대로 힘을 말한다. 종합하면 인간의 속마음(heart)과 혼(soul)과 힘(strength)을 다해 하나님을 섬기라는 말이 된다.

먼저 마음은 영어로 'heart' 라고 번역되는데, 보통 인간의 정서적인 측면을 말한다고 보는 것이 좋겠다. 인간의 구성 중 가장 표면에 위치하고 있어 인간이 잘 볼 수 있는 것이 인간의 몸이며, 그 몸의 행동과 실천보다 더 깊은 곳에 위치하는 것이 인간의 이성이고, 그 밑에 인간의 의지가, 그리고 더 깊은 곳에 인간의 정서로서의 감성이 떠받치고 있다. 이 쉐마는 하나님을 사랑하는 데는 인간의 가장 깊은 부분에 있는 '렙' 곧 우리 마음의 정서가 움직여야 함을 말하는 것이다.

두 번째로 고찰하여야 할 단어는 '성품' 이라는 말이다. 이 성품은 히브리어로 '네페쉬' 라고 표현된다. 영어로는 'soul' 이라고 번역되는데 보통 '혼' 으로 일컬어지는 단어이다. 이 '네페쉬' 라는 히브리어는 종종 성경에서 성품 외에도 생명이나 목숨이라는 말로 번역되기도 하지만, 필자는 이 단어를 성품으로 번역하기보다는 혼으로 번역하는 것을 추천하고 싶다. 혼이 무엇인지 알려면, 그 혼이라는 단어가 우리의 일상 언어에서 어떻게 사용되었는가를 살피면 될 것 같다. 우리말 가운데 '혼 빠졌다', '혼났다', '넋 빠졌다', '혼절했다', '혼쭐났다' 등이 있다. 이에 따라 혼이 나간 상태를 혼이 나가지 않은 일반인의 상태와 비교하면, 혼의 범위가 무엇인지 알 수 있게 된다. 혼 빠진 사람의 상태는 한마디로 멍한 상태라 할 수 있다. 생기와 활력과 용기를 잃고 그에 의해 힘 빠진 상태가 된다. 일반 사람에서 혼이 나간 사람을 상계하면 혼의 범위가 가늠된다는 것이다.

사람이 넋을 잃은 상태가 되는 이유는 밖으로부터의 충격을 받았기 때문이다. 물리적인 충격이나 정신적인 충격에 의해 사람의 혼이 나가게 된다. 하지만 동일한 충격을 받았다 할지라도 사람에 따라 혼이 나가는 정도는 같지 않다. 어떤 사람은 작은 충격에도 혼비백산하나, 다른 사람은 큰 충격을 받은 경우에도 곧 잘 버티곤 한다. 이를 볼 때 사람에 따라 충격을 완화하는 정도가 다른 것 같다. 고급 승용차일수록 충격을 흡수하는 쇽업소버가 좋은 것같이 사람마다 충격에 견디는 힘이 같지 않은데, 필자는 인간에게 있어 그러한 완충 역할을 하는 것을 의지력으로 보고 싶다. 의지가 강한 사람은 불행에도 쉽게 좌절하지 않는다. 그러나 의지가 약한 사람은 조그마한 충격에도 쓰러져 다시 일어서지 못한다. 의지, 용기, 신념의 강도는 사람마다 동일하지 않기 때문에 사람마다 충격에 견디는 힘에 차이가 나는 것이다. 성경은 이러한 신념을 하나님에 대한 믿음으로 표현한다. 믿음은 인간을 다시 일어서게 하는 힘을 갖는다.

믿음은 생명이다. 생명은 인간의 잠재적인 것을 현실적인 것으로 끄집어내는 힘으로도 볼 수 있을 것 같다. 생명이 있는 사람은 자신의 내면세계를 눈에 보이는 실체로 구체화한다. 그 믿음은 의지와 깊은 연관성을 가지는 것으로 보이지 않는 세계와 보이는 세계를 연결하는 위치에 있다. 믿음과 의지는 인간의 내면세계를 보이는 것으로서의 몸의 세계와 연결한다. 그러므로 우리말에서는 그 의지의 좌소로서의 혼을 '혼줄'이라는 말로도 자주 표현한다. 혼은 줄과 같아서 인간의 내적 세계를 행동의 세계와 연결하는 역할을 한다. 필자는 그것을 종종 우물에서의 두레박줄에 비유한다. 깊은 우물에 아무리 시원한 물이 있다고 할지라도 두레박이 없으면 그것을 끌어올릴 수가 없다. 두레박은 깊은 곳에 있는 우물의 물을 끌어내어 그것의 시원함을 현실화하는 것이다.

'네페쉬'는 인간의 내면세계로서의 '렙'과 행동의 구체적인 세계로서의 '므오트', 곧 몸을 연결하는 역할을 한다는 것이다. 창세기에서는 진흙으로서의 인간 몸이 하나님께서 불어넣으신 생명의 숨과 접촉되어 생령으로서의 '네페쉬'가 되었다고 말한다. '네페쉬'로서의 혼은 몸과 마음의 조화로운 연결에서 발현된다. 인간의 깊은 내면세계와 영은 눈에 보이는 세계인 몸과의 하나됨이 필요한데, 그 둘 사이의 연결을 가능하게 하는 것을 '네페쉬' 곧 혼이라고 보아도 무방할 것 같다.

하나님 예배를 위해 세 번째로 동원되어야 하는 것은 '힘'이다. 여기서 힘은 히브리어로 '므오트'로 표현되는데 힘이라는 번역이 정확한 것으로 생각된다. 우리가 하나님께 예배하기 위해서는 세상을 위한 노동을 멈추고 전적으로 온 힘을 다해 하나님께 예배를 드려야 하는 것이다. 여기서 인간의 힘이란 인간의 노동과 실천과 행동을 의미한다. 그러한 인간의 힘과 행동은 인간의 몸에서 나오는 것으로, 힘을 다한다는 말은 우리의 몸을 하나님께 드린다는 말과도 다르지 않다.

이상의 설명을 통해 신명기의 쉐마에서의 마음과 성품과 힘을 다하여 하나님을 사랑하라는 문장에서, 마음과 성품과 힘이 각각 무엇을 의미하는지 파악할 수 있었다. 마음과 성품과 힘은 각각 인간의 정서적 기능과 의지적 기능과 몸의 실천적 기능을 언급하는 것으로, 우리는 이 용어들을 마음과 혼과 몸이라는 말로 표현할 수 있음을 알게 되었다.

마가복음 12장 30절에 나타난 인간의 네 가지 기능

이 같은 인간의 기능들을 분석하는 또 다른 성경구절이 있다. 마가복음 12장 30절 말씀인데 그 말씀의 내용은 다음과 같다.

"네 마음을 다하고 목숨을 다하고 뜻을 다하고 힘을 다하여 주 너의 하나님을 사랑하라 하신 것이요."

여기에서 마음과 목숨과 뜻과 힘은 헬라어로 각각 '카르디아', '프쉬케', '디아노이아', '이스퀴스'로 되어 있다. 영어로는 'heart', 'soul', 'mind', 'strength' 등으로 표현된다. 이 네 가지 단어는 우리말로 마음과 혼과 정신과 힘으로 번역할 수 있겠다. 정서로서의 마음, 의지로서의 혼, 지성으로서의 정신, 몸에서 나오는 힘과 행동에 의해 우리는 하나님을 사랑하고 이웃을 사랑하게 된다. 정의지체가 동원되어야 하나님 사랑이 가능해진다는 말이다. 하나님과 이웃에 대한 사랑은 우리의 통전적이며 전인적인 기능을 통해 이루어지는바, 우리가 가지고 있는 모든 것들이 동원되어야 하는 것이다. 우리의 경험은 정의지체의 모든 부분을 망라하는 것으로 다른 존재에 대한 온전한 사랑을 위해서는 이런 전인적인 인간의 경험이 요청된다는 말이다. 필자는 일단 마음과 목숨과 뜻과 힘의 내용을 아래의 표로 정리해 보았다.

마음과 목숨과 뜻과 힘

	마음	목숨	뜻	힘
헬라어(마가 12:30)	카르디아	프쉬케	디아노이아	이스퀴스
히브리어(신 6:5)	렙(inner being)	네페쉬		므오트
영어	heart(마음)	soul(혼)	mind(이성)	strength (힘, body)
십계명(요 4:24)	영적 예배(2계명)		진리로 예배 (3계명)	4계명
한자어	情	意	知	體(몸)
하나님과의 관계	사랑하다 (love)	믿다 (believe)	알다 (know)	따르다 (follow)
윤리적 요소와의 관계	성향(disposition)	의도(intention)	판단(judgement)	행동(action)
관련된 예배요소	찬양	기도	설교	헌금과 파송

1) 마음을 다하여

마음이란 영어로 'heart'로서, 인간의 정서적이며 감정적인 부분을 지칭한다. 'Warm heart, cold mind.' 라는 영어 속담이 있다. 마음은 따뜻하게, 정신은 차갑게라는 뜻 정도가 될 것이다. 이 속담에서와 같이 마음이란 따뜻한 정서와 연관되는 것이며, 정신 곧 'mind' 란 인간의 차가운 지성과 연결된다. 우리가 다른 대상들을 사랑하기 위해서는 우리의 정서적인 마음이 먼저 움직여야 한다. 마음은 사랑의 목적지를 향하는 기차의 기관차 역할을 한다. 마음이 우리의 다른 기능들을 끌고 주님에 대한 사랑으로 나아가게 한다.

인간의 정서나 감정이 올바르지 않으면 하나님이나 인간을 바로 사랑할 수 없게 된다. 정서가 불안해 망가진 사람들이 있다. 대개 이런 사람들이다. 영화관에서 슬픈 영화를 볼 때 다른 사람들은 다 훌쩍거리는데 본인만 멀뚱하게 영화를 보고 있다면 그의 정서에는 큰 문제가 있다고 보면 될 것이다. 회식 자리 등에서 노래를 부를 때 노래에 감정이 전혀 안 실리는 분들도 있다. 감정이 메마른 사람이라고 볼 수 있다. 이런 사람들은 다른 사람들의 슬픔과 기쁨에 공감하지 못하게 된다. 다른 사람의 슬픈 이야기를 들어도 무덤덤하고, 즐거운 시간에도 분위기에 맞추지 못하는 사람들이 되는 것이다.

마음의 훈련이 필요하다. 교회는 성도들의 마음을 바로잡아 하나님을 향하게 해야 한다. 이러한 정서의 훈련으로 좋은 수단이 되는 것은 찬송이다. 찬송은 우리의 정서를 순화하여 우리의 마음을 하나님께로

움직이게 한다. 정서적인 터치가 없는 지적인 것만을 추구하는 설교와 예배는 부족한 것이 된다. 우리의 주님에 대한 예배는 먼저 정서가 감동하는 것에서 시작된다. 마음과 정서가 고쳐지지 않으면 하나님과 이웃을 바로 사랑할 수 없을 것이다.

2) 목숨을 다하여

다음으로 목숨이란 헬라어로 '프쉬케'로서 영어로 'soul'로 번역되는데 우리말로는 혼이라는 표현이 적절하다. 필자는 이 혼에 대해서 앞에서 설명하며 인간의 의지적 기능과 긴밀한 연관이 있음을 언급했다. 남을 사랑한다는 것은 의지가 없이는 불가능하다. 부부 간의 사랑이나 자녀에 대한 사랑에도 의지력이 필요하다.

우리의 목숨까지라도 걸려는 마음이 없이 우리는 남을 진정 사랑할 수 없다. 한 번 실패하면 다시 일어서지 못하는 사람이 있다. 그런 자세를 가지곤 인생을 견뎌내기 힘들다. 파란만장한 인생에서 강한 의지가 없다면 무너지기 쉬운 것이다. 성경은 의지에 대해 다음과 같이 말한다. 누가복음 17장 33절은 "무릇 자기 목숨을 보존하고자 하는 자는 잃을 것이요 잃는 자는 살리라."고 말한다. 이 본문에서 목숨이란 헬라어 '프쉬케'다. 목숨을 걸고 살라는 말이다. 목숨을 걸지 않고 이뤄지는 세상일은 없다. 자신의 목숨에 벌벌 떠는 의지가 약한 사람으론 일을 이루기 어려우며 주님을 사랑할 수도, 이웃을 사랑할 수도 없게 된다. 항상 죽기를 각오하고 혼신의 힘을 다해 일하는 의지의 사나

이들과 굳센 금순이가 되어야 한다. 목숨을 버리면 목숨을 얻게 될 것이다. 목숨을 버릴 각오를 하면 못할 일이 없다.

그 의지는 우리의 뜻을 세우는 문제와 연관되어 있다. 의지로서의 뜻의 문제를 마태복음 26장 39절은 다음과 같이 언급한다.

"조금 나아가사 얼굴을 땅에 대시고 엎드려 기도하여 이르시되 내 아버지여 만일 할 만하시거든 이 잔을 내게서 지나가게 하옵소서. 그러나 나의 원대로 마시옵고 아버지의 원대로 하옵소서 하시고."

내가 원하고 뜻하는 대로가 아니라, 아버지가 원하고 뜻하는 대로 살아야 함을 말한다. 이러한 주님의 겟세마네 기도는 우리의 뜻과 목숨을 거는 법에 대해 설명한다. 나의 뜻대로 인생을 사는 사람은 목숨을 걸지 못한다. 주님의 명령이면 나의 뜻이 어떠하든지 간에 행하려 하는 훈련이 되어 있지 않으면 목숨을 걸기 어렵다. 기도하는 자만이 목숨을 걸 수 있다. 이 같은 기도 속에서 바른 신앙과 믿음이 자라나게 되는 것이다.

3) 뜻을 다하여

다음으로 뜻 곧 헬라어로 '디아노이아', 영어로 'mind'에 대해 설명하고자 한다. 마가복음 12장 30절과 33절 말씀은 다음과 같다.

"네 마음을 다하고 목숨을 다하고 뜻을 다하고 힘을 다하여 주 너의 하나님을 사랑하라 하신 것이요…… 또 마음을 다하고 지혜를 다하고 힘을 다하여 하나님을 사랑하는 것과 또 이웃을 자기 자신과 같이 사랑하는 것이 전체로 드리는 모든 번제물과 기타 제물보다 나으니이다."

30절은 마음과 목숨과 뜻과 힘에 대해 말하며, 33절은 마음과 지혜와 힘에 대해 언급한다. 뜻이라는 말 대신 지혜라는 말을 쓰고 있다. 여기서 뜻으로서의 '디아노이아'란 인간의 정신이나 지성을 의미하는 것임을 설명했다. 33절의 지혜란 단어는 헬라어로는 '쉬네시스'이며 영어로 'understanding'으로 표현되는데, 인간의 지적인 이해의 기능을 가리킨다.

지혜가 있어야 하나님과 이웃을 바로 사랑할 수 있다. 아기가 배가 아파서 우는데, 배가 고파서 우는 줄 알고 계속 먹을 것을 준다면 아기의 아픔이 해소되지 않을 것이다. 제 딴엔 자식을 사랑한다고 열심히 하는데, 사실은 지혜롭지 못하여 자식을 망치기도 한다. 우리가 그러한 '지혜'에 대하여 잘 알려면 성경이 언급하는 대로 그것에 반대되는 개념을 살필 필요가 있다. 성경은 지혜로운 사람과 어리석고 미련한 사람을 구별한다. '지혜로운'이란 말의 헬라어 단어는 '프로니모스'이며, '어리석은'이란 말의 헬라어 단어는 '모로스'이다. 어리석고 미련한 인간의 행위를 알면 지혜로운 것이 무엇인지 깨닫게 된다. 성경은 미련한 사람을 규정하면서, 상식적으로 다 알 수 있는 것을 모르는 것같이 사는 사람들을 미련한 사람으로 일컫는다. 지혜가 없는, 곧 미련한 사람의 몇 가지 예가 성경에 나타난다.

먼저 미래가 없는 것 같이 사는 사람들을 성경은 미련한 사람으로 칭한다. 마태복음 25장은 등에 기름을 준비하지 않은 미련한 열 처녀에 대해 말한다. 미래 대비가 없는 사람은 지혜롭지 못한 사람이다. 항상 내일을 준비하며 사는 지혜로운 사람이 되어야겠다.

두 번째로 부귀영화가 덧없다는 것을 망각하며 사는 것이 미련한 행동임을 성경은 언급한다. 자신이 죽을 존재인 줄 모르고 세상에 취해 자랑하며 사는 어리석은 부자가 있다. 이 세상의 모든 것은 다 아침 안개 같은 것들이다. 내일에는 나의 가진 모든 것이 없어질 것을 생각하며, 오늘을 겸허히 사는 것이 삶의 지혜이다. 야고보서 4장 13-16절은 "들으라. 너희 중에 말하기를 오늘이나 내일이나 우리가 어떤 도시에 가서 거기서 일 년을 머물며 장사하여 이익을 보리라 하는 자들아. 내일 일을 너희가 알지 못하는도다. 너희 생명이 무엇이냐. 너희는 잠깐 보이다가 없어지는 안개니라. 너희가 도리어 말하기를 주의 뜻이면 우리가 살기도 하고 이것이나 저것을 하리라 할 것이거늘, 이제도 너희가 허탄한 자랑을 하니 그러한 자랑은 다 악한 것이라."라고 한다. 어리석은 부자는 자신의 삶이 유한하며, 그의 부가 덧없는 것임을 깨닫지 못하였던 것 같다.

세 번째로 성경은 하나님이 없는 것같이 사는 사람들을 어리석은 사람으로 칭하고 있다. 시편 14장 1절은 "어리석은 자는 그 마음에 이르기를 하나님이 없다 하도다."라고 언급한다. 하나님을 알 만한 것을 저희에게 주셨음에도 어리석은 자는 그러한 지혜를 무시한다(롬 1:19). 잠언은 여호와를 경외하는 것이 지혜의 근본이라고 말한다(잠언 1:7). 참다운 지혜가 없기 때문에 우리는 하나님을 알지 못하고 그를 경외하지도 못하는 것이다.

이와 같이 하나님과 이웃을 사랑함에는 정서와 의지도 중요하지만 이성적 판단으로서의 지혜 또한 긴요하다. 지혜롭지 못한 사람이 하는 이웃에 대한 사랑이, 오히려 이웃에게 이익을 주기보다는 피해가 될 수도 있음을 인식하여야겠다. 사랑을 하는 데에는 지혜와 명철이 필요하다. 성경 말씀을 통한 지혜를 가져야만 하나님과 이웃을 바로 사랑할 수 있게 될 것이다.

4) 힘을 다하여

마지막으로 중요한 것은 우리 몸의 힘을 가지고 하나님과 이웃을 사랑하는 것이다. 하나님과 이웃을 사랑하는 일은 마음과 의지와 이성만으로 마쳐져서는 안 된다. 하나님과 이웃에 대한 사랑은 몸의 실천으로 이어져야 한다. 성경은 사랑의 실천의 중요성을 다음과 같이 설명한다.

"자녀들아 우리가 말과 혀로만 사랑하지 말고 행함과 진실함으로 하자."
(요일 3:18)

일하지는 않고 말만 만드는 사람은 온전히 남을 사랑할 수 없다. 남을 사랑하기 위해서는 실제적 행동과 실천이 필요하다.

야고보서 2장 15-17절은 "만일 형제나 자매가 헐벗고 일용할 양식이 없는데, 너희 중에 누구든지 그에게 이르되 평안히 가라, 덥게 하라, 배부르게 하라 하며 그 몸에 쓸 것을 주지 아니하면 무슨 유익이 있으리요. 이와 같이 행함이 없는 믿음은 그 자체가 죽은 것이라."라고 언급한다. 행함이 없는 믿음은 죽은 믿음이다. 사랑은 마음의 태도와 말로서만 끝나서는 안 된다. 그것은 행동과 실천과 노동과 헌신을 요청한다.

마음에 사랑이 있고, 사랑하고자 하는 뜻이 있으며, 사랑의 지혜가 있다고 하여도 그것을 사랑으로 실천하지 않는다면 그러한 사랑은 무용지물이 된다. 사랑은 실천을 통해서만 열매 맺는다. 그리스도께서 말씀이 육신이 된 것과 같이, 우리의 정신은 육의 실천으로 표현되어야 한다. 언제나 계획만 세우고 입으로만 말하는 사람들이 있다. 우리는 우리의 생각과 계획을 우리의 노동을 통해 실천하는 자들이 되어야겠다. 마음의 생각과 우리의 잠재력을 몸의 행동으로 끌어내는 사람이 진정한 믿음을 가진 사람이다. 그러한 실천의 능력이 상실된 믿음은 죽은 것이나 다름없다. "믿음으로 아브라함은 부르심을 받았을 때에 순종하여 장래의 유업으로 받을 땅에 나아갈새 갈 바를 알지 못하고 나아갔으며"(히 11:8)라고 말한다. 믿음을 가진 사람은 하나님의 명령에 순종하여 한 걸음 한 걸음 나아가게 된다.

하나님을 체험하는 여러 가지 길

필자는 이상의 정리로써 하나님을 사랑하고 예배하는 데에 동원되어야 할 인간의 기능들에 대해 설명하였다. 쉐마에서는 그것들을 마음과 성품과 힘, 곧 마음과 혼과 힘이라고 하며, 마가복음 12장 30절에선 그것들을 마음과 혼과 이성과 힘이라 말하고 있음을 알게 되었다. 쉐마는 세 가지로 말하는 반면 신약의 마가복음은 그것을 네 가지로 늘려 설명한다. 마음과 혼과 이성과 힘은 각각 정서와 의지와 지성과 몸의 힘을 말하는 것으로 한자로 표현할 때 정의지체가 된다. 보통은 지정의체로 언급되지만 성경의 순서에 따르면 정서가 가장 먼저 온다. 우리의 정서와 의지와 지성과 몸이 건강하고 잘 훈련되어야만 하나님과 이웃을 바로 사랑할 수 있다는 말씀이다.

그와 같이 하나님을 통전적으로 체험하는 일에는 이 네 가지 기능이 포괄된다. 정의지체 네 가지 인간 기능이 동원되어 우리는 하나님께 다가가게 된다. 이에 필자는 이 내용을 두 번째 문부터 다섯 번째 문에 대한 설명에서 언급하였다. 이 네 가지 기능을 이 책의 중심에 놓고 필자는 첫 번째 문에서 인간의 통찰력(insight) 문제를, 그리고 마지막 두 개의 문에서는 하나님 경험을 위한 상상력(imagination)과 영(spirit)의 역할을 다루었다.

여기서 필자는 일곱 번째 문의 내용인 영의 문제에 대해 잠시 설명하려 한다. 성경에서 마음과 몸과 혼이라는 단어들은 한 사람의 전 인격(a total person)을 대신하는 말로 종종 사용되곤 한다. 그러나 영(헬라어로는 '프뉴마')이라는 단어는 그 인격을 대신하는 말로 지칭되지는 않는다. 혼이나 몸은 인간 내적인 것들이나 영은 인간 밖에 있는 어떤 것으로 언급되고 있다. 영은 인간이 통제할 수 없는 어떤 것이다. 영은 환경의 산물이 아니므로 환경을 조종하여 그것을 조종할 수 없다. 영은 그렇게 나에 의해서나 남에 의해서 조종되는 대상이 아닌 것으로, 대상으로부터 독립된 인격주체의 기초가 되는 어떤 것을 의미한다. 인간 밖의 하나님 영으로서의 성령이 우리에게 주어지지 않는다면 인간의 초월적 자유는 보장될 수 없을 것이다.

휘틀록(Glenn E. Whitlock)은 그의 책 『온전함과 거룩함』(Wholeness and Holiness)에서, 오늘의 기독교 심리학의 문제가 하나님과 이웃 및 자기 자신과의 관계를 규명하는 것에 있음을 말하였다. 인간이 자신의 유한성과 제한성을 알고 하나님의 능력에 의지하며 주변 공동체와의 바른 사회적인 관계를 형성하는 것이 심리 치유에 중요함을 그는 강조하였다. 그는 육(flesh)을 의미하는 히브리어 '바살'이 인간 속의 어떤 본질(essence)을 말하는 것이 아니며, 인간의 피조성과 유한성을 말하는 것이라고 하였다. 또한 영(spirit)을 의미하는 히브리어 '루아흐'를 이런 제한된 인간의 능력에 하나님이 부어주시는 삶의 선물(gift)로 이해했다. 피조성의 '바살'에 대한 응답이 하나님의 '루아흐'이다. 이 '루아흐'는 감정적이며 의지적이고 지성적이며 행동적인 모든 면에 적용되는 하나님의 힘이라고 그는 말한다. 이런 의미에서 '루아흐'는 인간의 한 요소가 아니며, 인간의 제 기능에 작용하는 하나님의 인격과 힘으로 보아야 할 것이다.

영에 대한 위의 설명 중에서 우리가 주목해야 할 부분은, 영으로서의 '루아흐'는 감정적이며 의지적이고 지성적이며 행동적인 모든 면에 작용하는 하나님의 인격과 힘이라는 설명이다. 하나님의 영을 부여받게 되면 인간의 모든 기능이 되살아나 온전한 조화를 이루게 된다. 하나님의 영은 인간의 제반 기능을 새로운 차원으로 변혁시켜 온전하게 하는 역할을 하고 있음을 우리는 이러한 설명을 통해 파악하게 된다. 하나님의 영은 우리의 전 기능을 변혁하여 하나님께 다가갈 수 있게 한다. 필자는 이러한 전 기능을 통한 하나님과의 통전적 만남의 문제를 하나님 경험이란 개념으로 말하였는데 이 책의 일곱 번째 문에서 이 같은 영을 통한 하나님에 대한 통전적 경험의 문제를 다루려는 것이다.

아울러 필자는 인간의 상상력과 통찰력으로서의 기능을 설명하려 한다. 상상력이 하나님 경험에서 중요한 기능이 되는 것임을 우리는 요한계시록에서 파악하게 된다. 요한계시록에서 가장 주목되는 단어는 '볼지어다'이다. 요한계시록은 특히 영적인 진리를 이미지화하여 보는 문제에 주목하기에 이 같은 하나님을 보는 문제는 상상력을 통해서 가능해진다. 인간의 상상력은 언어적 내용을 이미지화하는 능력을 갖는다. 어떤 것을 설명을 통하여 인지하려 하기보다는, 하나의 이미지를 가지고 직관적으로 그 내용을 파지하는 능력이 상상력이다. 상상력은 이런 보이지 않는 영적인 진리들을 하나의 상으로 만들어 내는 인간의 능력으로 볼 수 있겠다.

이제 마지막으로 인간이 가지는 통찰력의 문제를 다루고자 한다. 통찰력이란 어느 내용을 분석하여 파악하는 능력이라기보다는 한 번 보고 그것을 통째로 파악하는 능력이라고 말할 수 있다. 산에서 길을 잃어버릴 경우에는 일단 높은 곳으로 올라가서 자신의 위치를 파악할 필요가 있다. 높이 오를수록 전망이 넓어져 전체적 조망을 할 수 있기 때문이다. 자신의 위치에서 전후좌우를 관찰하여 자신이 나아가야 할 길을 찾는 것은 이런 높은 시야에서 더 용이해진다. 한 사람이 초월적 시야를 갖게 된다면 삶의 전체적 의미를 찾기가 더 수월해지는 바, 이런 초월적 시야는 하나님의 계시와 성령의 조명 없이는 불가능할 것이다. 어느 상황에서 영적 통찰력을 얻기 위해서는 그 상황 가운데에서 말씀하시는 하나님의 목소리와 하나님의 시야에 집중할 필요가 있을 것이라 생각한다.

이상에서 필자는 인간이 가지는 영, 혼, 몸, 마음, 이성, 통찰력과 상상력 등에 대해 설명하였다. 인간의 이런 기능들은 우리가 하나님을 경험하는 좋은 수단이 된다. 앞으로의 각 장은 이런 인간의 기능에 따른 하나님 경험의 특징적인 면들을 서술할 것이다. 이성 중심의 신학만으론 부족하다. 다양한 인간의 기능이 발휘되어 영적 훈련을 하게 되는 것이며, 그 모든 하나님과의 경험이 신학에 귀중한 자료가 되는 것임을 다시 상기할 필요가 있겠다.

성령을 통해 변화받아야 할 우리의 내면세계

성경은 하나님을 사랑하고 경험하기 위해 마음과 목숨과 뜻과 힘을 다할 것을 강조한다. 정의지체를 다해 사랑할 것을 언급하는 것이다. 지정의체가 아니라 정의지체. 성경은 인간의 가장 깊은 내면세계부터 움직여야만 점차 눈에 보이는 행동까지 변화될 수 있음을 말한다. 먼저 우리의 내적 기능으로서의 마음과 의지와 지혜가 움직여야 한다. 그것은 빙산의 모습과 같다. 빙산은 9/10가 바다 밑에 숨겨 있으며, 1/10만이 바다 위로 나타나 있다. 눈에 보이는 1/10을 눈에 보이지 않는 9/10의 부분이 떠받치고 있는 것이다. 더 깊은 인간의 기능과 요소들이 변화함으로써 눈에 보이는 인간의 행동과 실천이 새로워지게 된다.

에베소서 3장 16절은 속사람의 중요성을 다음과 같이 설명한다.

"그의 영광의 풍성함을 따라 그의 성령으로 말미암아 너희 속사람을 능력으로 강건하게 하시오며."

내적인 존재로서의 정서와 의지와 지혜가 훈련되어야만 진정된 사랑의 실천을 하게 된다는 말이다. 이러한 내면적 존재가 진정으로 변화하려면 가장 깊숙한 우리의 영이 새로워져야 한다. 성령으로 속사람과 내적 존재가 새롭게 되고 강건하게 되어야 우리는 진정으로 하나님을 사랑하고 이웃을 사랑하게 된다.

"내가 이르노니 너희는 성령을 따라 행하라. 그리하면 육체의 욕심을 이루지 아니하리라. 육체의 소욕은 성령을 거스르고 성령은 육체를 거스르나니 이 둘이 서로 대적함으로 너희가 원하는 것을 하지 못하게 하려 함이니라. 너희가 만일 성령의 인도하시는 바가 되면 율법 아래에 있지 아니하리라. 육체의 일은 분명하니 곧 음행과 더러운 것과 호색과 우상 숭배와 주술과 원수 맺는 것과 분쟁과 시기와 분냄과 당 짓는 것과 분열함과 이단과 투기와 술 취함과 방탕함과 또 그와 같은 것들이라. 전에 너희에게 경계한 것 같이 경계하노니, 이런 일을 하는 자들은 하나님의 나라를 유업으로 받지 못할 것이요, 오직 성령의 열매는 사랑과 희락과 화평과 오래 참음과 자비와 양선과 충성과 온유와 절제니 이 같은 것을 금지할 법이 없느니라. 그리스도 예수의 사람들은 육체와 함께 그 정욕과 탐심을 십자가에 못 박았느니라."(갈 5:16-24)

이 같은 정의지체를 다하여 하나님을 사랑하는 훈련이 우리의 예배 가운데에서 이루어진다. 우리는 찬양을 통해 우리의 정서를 훈련하게 되며, 기도로써 우리의 의지를, 그리고 설교와 교육을 통하여 우리의 지성을, 아울러 헌금과 봉사를 통하여 우리의 몸과 행동을 훈련하게 된다. 예배의 여러 요소들은 우리를 전인적으로 훈련하는 좋은 방편이 되는 것이다. 이에 우리는 예배에서 이런 제반 요소들의 균형을 이루기 위해 노력할 필요가 있다. 너무 설교에 치우친 이성적이며 남성적인 예배가 되는 것을 지양하고, 찬양과 몸의 움직임이 있는 여성적이며 정감적인 예배를 구성하기 위해 노력할 필요가 있다. 예배 시 앉고 서는 것, 무릎을 꿇고 드리는 기도 등은 우리의 몸의 활동을 중시하는 것으로, 우리는 이런 순서들을 통해 우리의 몸을 예배 시 하나님의 존전에 드리게 된다. 이 같은 예배에서의 정의지체의 균형에 대해서는 또 다른 '세븐게이트' 시리즈를 통해 서술할 것이다.

이해를 위한 질문들

1. 하나님 인식과 하나님 경험이라는 개념의 차이를 설명하시오.

2. 마가복음 12장 30절의 마음과 목숨과 뜻과 힘을 다하라는 말의 의미에 대해 생각해 보시오.

3. 하나님 경험의 다양한 차원들에 대해 서술하시오.

The Seven Gates of God's Sanctuary

The Seven Gates of God's Sanctuary

에스더 4장 14절
"이때에 네가 만일 잠잠하여 말이 없으면
유다인은 다른 데로 말미암아 놓임과 구원을 얻으려니와
너와 네 아버지 집은 멸망하리라.
네가 왕후의 자리를 얻은 것이
이때를 위함이 아닌지 누가 알겠느냐 하니."

첫 번째 문

통찰의 문
하나님을 느끼다

모세와 에스더의 유사성과 차이점

모세와 에스더 사이에는 많은 유사성이 있다. 둘 다 이스라엘 민족을 이방 민족으로부터 해방시킨다는 것, 모세는 바로의 왕자가 되고 에스더는 페르시아 아하수에로의 왕비가 된다는 것, 자신이 유대인임을 상당 기간 숨기고 산다는 것, 이스라엘 민족의 해방을 위해 왕과 여러 번 만난다는 것, 그들에 의해 각각 유월절과 부림절이라는 축제가 생기게 된다는 것 등의 공통점을 우리는 찾을 수 있다. 에스더서 기자는 모세의 출애굽 사건을 알고 있었으며, 그것을 염두에 두고 에스더서의 기록을 펼쳤으리라는 생각이 든다.

그러나 유사성만 있는 것이 아니며 둘 사이에는 여러 가지 차이점도 보인다. 우선은 남자와 여자라는 차이가 있다. 모세는 남자인 반면 에스더는 여자였다. 남자로서 민족을 해방시킨 모세가 있을 뿐 아니라, 여자로서 민족을 해방시킨 인물도 있음을 에스더서는 말한다. 민족을 위하는 일이 남자만의 전유물은 아니다. 여자도 얼마든지 민족을 구하는 일에 앞장설 수 있다. 모세의 출애굽 사건을 남성적인 민족해방 방식이라면, 에스더의 그것은 여성적 민족해방 방식의 모델이 된다. 두 번째는 시대적 차이가 있다. 모세의 출애굽은 이집트 시대에 일어난 역사인 반면, 에스더의 해방 사건은 페르시아 시대에 일어났던 일이다. 바로와 아하수에로라는 각기 다른 왕들을 상대로 하여 각각의 사건들이 전개되었다.

더욱 중요한 차이점은 모세의 경우는 출애굽 후 이집트 밖의 가나안 땅에 한 나라를 건설하지만, 에스더서는 그러한 독자적인 이상 왕국의 건설은 불가능하기에 어느 정도 세속 정부의 권력을 이용하여 이방 세계 속에서 살 수밖에 없는 하나님 백성의 현실을 그리고 있다. 에스더와 모르드개는 민족의 구원을 위해 이방의 정치 세력을 이용한다. 에스더뿐 아니라 모르드개도 혁명의 결과 페르시아 제국에서 높은 지위를 차지하게 되는 것이다(에 8:2).

하나님의 직접적인 섭리와 간접적인 섭리

에스더서에는 하나님이라는 이름이 한 번도 나오지 않는 것이 특징이다. 우리는 에스더서 속에서 모세 때와 같은 하나님의 직접적인 인도를 경험할 수 없다. 모세 때에는 하나님께서 불기둥과 구름기둥으로 직접 백성들을 인도하셨다. 모세의 지팡이를 통해 홍해를 가르시기도 하시며, 시내산에서 자신의 계명을 직접 돌비에 새겨 주시기도 하셨다. 그러나 에스더서에는 그러한 하나님의 직접적인 인도의 모습이 보이지 않는다. 에스더서의 하나님은 철저히 숨겨져 있는 하나님이시다.

이러한 면에서 에스더서의 정황은 오늘 우리 시대와 비슷하다. 오늘의 시대엔 하나님의 직접적인 섭리가 포착되지 않는다. 하나님의 역사가 우리 삶 전면에 드러나 있지도 않다. 이에 오늘날의 하나님 발견 방법은 모세적인 것이라기보다는 에스더적인 것이라고 보는 것이 좋을 듯하다. 이미 말한 대로 오늘의 시대엔 나아가 건설할 가나안과 같은 남겨진 땅도 없다. 기독교 공동체를 밖의 한 곳에 건설할 수도 없는 것이요, 안의 어느 지역에 세운다는 것도 가능하지 않다. 오늘의 시대는 하나님의 나라를 세상나라 속에 건설할 수밖에 없는 상황이다.

우연 속에 역사하시는 하나님

에스더의 하나님은 숨겨진 하나님이시다. 직접적으로 나타나 행동하시는 하나님이 아니시며, 역사의 배후에서 활동하시는 하나님이시다. 그러나 하나님이 무대 배후로 숨겨지면 숨겨질수록 우리는 하나님이 역사의 주인공임을 더욱 또렷이 알게 된다. 에스더서는 그 숨겨진 하나님을 찾아내는 방법에 대해 설명하는 책이다.

먼저 에스더서는 하나님을 우연 속에서 역사하시는 분으로 제시한다. 에스더 5장 2절의 말씀은 순간적으로 일어난 하나의 우연일 수밖에 없는 사건을 기술한다. 에스더는 왕의 부름 없이 왕 앞에 나아갔다고 전한다. 당시는 왕의 부름 없이 왕 앞에 함부로 나아 갈 수 없게 되어 있었다. 부름을 받지 않고 왕 앞에 함부로 나아갈 경우 왕은 그에게 금홀을 내밀어 그를 용납할 수도 있었으며, 왕이 금홀을 내밀지 않을 경우에는 그의 목숨은 안전하지 못하였던 것이다. 금홀을 내미는 것과 내밀지 않는 것은 아주 작은 차이이지만 그것에 에스더의 목숨이 달려 있었다. 당시 에스더는 부름을 받지 않고 왕 앞에 나아갔으나, 다행히도 왕은 그녀에게 자신이 들고 있던 금홀을 내밀었다고 성경은 전한다. 왕이 그 금홀을 내밀었다는 것이 우연한 일로 치부될 수도 있으나, 하나님으로서는 이스라엘의 구원을 향한 필연적 제일보였던 것이다.

하나님의 시야에서는 모든 것이 다 예정된 일들이다. 인간에게는 우연한 일이지만 하나님께는 필연이다. 우연한 일 속엔 인간이 제공한 원인보다 하나님에 의한 원인과 힘이 더 작용하고 있다. 그러므로 우리는 인생 중 우연의 일들을 해석할 때마다 하나님의 얼굴을 느낄 수 있게 된다.

6장 1–2절에는 다음의 말씀이 있다.

"그날 밤에 왕이 잠이 오지 아니하므로 명령하여 역대일기를 가져다가 자기 앞에서 읽히더니 그 속에 기록하기를 문을 지키던 왕의 두 내시 빅다나와 데레스가 아하수에로 왕을 모살하려는 음모를 모르드개가 고발하였다 하였는지라."

우리는 이 사건에서 우연찮은 일들의 결집을 보게 된다. 잠이 오지 않는 밤에 그 딱딱한 역대일기를 가져다 읽었다는 것은 우연치고는 너무 우연의 사건이다. 잠이 오지 않는 밤에 오늘날 같으면 여러 가지의 일을 할 수 있을 것이다. 비디오를 볼 수도 있으며 재미난 만화를 빌려다 읽을 수도 있다. 그러나 역사책과 같은 재미없는 것을 가져오라 하여 읽었다는 것은 보통 있을 수 있는 일이 아니다. 수많은 역대일기를 담은 돌판들이 선반 위에 있었다. 그 많은 돌판 중 신하가 가져온 것은 모르드개의 사건이 쐐기문자로 적혀 있는 손바닥 크기의 돌판이었다. 다른 돌판이 아닌 바로 그 돌판을 그날 왕이 읽게 되었던 것이다. 신하는 우연히 그 돌판을 집어 왔을지 모른다. 그러나 그 사건은 하나님의 시야에서 볼 때는 하나의 필연적 사건이었던 것이다. 신하가 왕 앞에 펼쳐 읽은 부분에는 모르드개의 충성된 일이 적혀 있었다. 그 전 돌판도 아니고 다음 돌판도 아닌 바로 그 돌판을 신하는 가져다 읽었던 것이다. 오늘로 말하면 수도경비사의 두 장군이 왕을 살해하고 혁명을 일으킬 계획을 하였으나, 이러한 역모를 모르드개가 왕에게 알림으로써 미리 막을 수 있었다는 내용이다.

왕이 그날 그 이야기를 듣게 된 것은 결코 우연이라 볼 수 없다. 밤에 잠이 오지 않은 것, 잠이 오지 않았던 날 신하에게 역사책을 가져와 읽게 한 것, 신하가 가져온 돌판에 모르드개의 일이 적혀 있었던 것, 이것들이 동시에 일어날 확률을 계산하면 수십만 대 일이라고 할 수 있다. 그 일은 쉽게 일어날 수 있었던 일이 아니다. 하나님의 섭리와 계획이 아니었다면 그 일이 그렇게 정교하게 조합되지 않았을 것이다. 우리는 그러한 어려운 확률 가운데 일어난 일을 우연으로 간주해서는 곤란할 것 같다. 그것은 하나님의 필연적인 계획 가운데 들어있는 사건으로 보는 것이 맞다.

에스더 4장 14절에 다음의 말씀이 있다.

> "이때에 네가 만일 잠잠하여 말이 없으면 유다인은 다른 데로 말미암아 놓임과 구원을 얻으려니와 너와 네 아버지 집은 멸망하리라. 네가 왕후의 자리를 얻은 것이 이때를 위함이 아닌지 누가 알겠느냐 하니."

본문에선 에스더가 왕비가 된 것이 이때를 위함이라고 언급한다. 에스더가 왕비가 된 것에 하나님의 뜻이 있었다는 것이다. 에스더는 아무 의미 없이 왕비가 된 것이 아니라고 모르드개는 말한다. 우연히 왕비가 된 것이 아니라 하나님의 필연적인 섭리가 있었다는 것이다. 에스더를 통해 이스라엘 백성을 구원하시려는 하나님의 깊은 의도가 그의 왕비됨에 숨어 있었던 것이다. 에스더는 그녀가 왕비가 된 것에 큰 뜻이 숨어 있다는 것을 발견하고 사명감을 느끼게 된다. 그에게 주어진 필연의 소명이 있음을 발견하게 되는 것이다.

우리는 너무 많은 것을 그저 우연이라고 생각하며 넘길 때가 있다. 우리가 이 시대에 그 집안에서 태어난 것, 오늘의 시대에 이 직업을 갖고 살게 된 것, 그 교회에 다니게 된 것, 주변의 그러한 사람들과 가깝게 지내게 된 것, 결혼하여 그러한 식구들을 구성하게 된 것 등 그 모두는 결코 우연한 일이 아니다. 그 가운데에는 하나님의 깊은 섭리가 숨겨져 있다.

나는 가끔 광주의 충장로 거리를 거닐 때가 있다. 한 블록만 지나가도 수많은 사람을 스쳐 보내게 된다. 그날 그 시간 스쳐 지나가고 평생 다시는 못 볼 사람도 많을 것이다. 인사를 보낸다. 모두들 용기 있게 살라고. 하나님의 축복을 기원한다. 내가 평생 스쳐 지나갈 수 있는 사람 모두를 다 합친다 하여도 오늘 나와 동시대에 사는 사람 중 극히 일부일 것임에 틀림없다. 길거리에서 그저 잠시 만난다는 것도 벅찬 감동이다. 옷깃만 스쳐도 인연이다.

심리학자 프로이트는 우리에게 재미있는 예화를 말한 적이 있다. 어떤 사람이 애인에게서 받은 반지를 얼떨결에 잃어버렸다고 하자. 그 반지를 잃어버린 것은 결코 우연이 아니라는 것이 그의 생각이다. 그 사람의 무의식 속에는 애인과 헤어지고자 하는 마음이 있었다는 것이다. 그러한 무의식이 그에게 작용하여 반지를 잃어버리는 일을 야기하였다는 것이 그의 설명이다. 물론 약간은 지나친 이야기이지만 프로이트는 그러한 방법으로 우연의 범위를 축소하고 있다. 따지고 보면 모든 것에 다 이유가 있다. 우리는 우연한 일들을 무심코 스쳐 보내서는 안 된다. 모든 일은 다 나름의 깊은 의미를 담고 있다. 프로이트는 이어 말한다. 결혼을 하기 위해 남편 될 사람을 집에 초대하여 식사를 대접하는데, 음식을 나르다가 접시를 깨뜨리게 되었다면, 나름대로 그 의미를 생각해 보아야 한다는 것이다. 그저 우연히 접시가 깨졌다고 생각할 수도 있으나, 그런 일이 우연만은 아니라는 것이다. 이러한 일상에서 일어나는 무의미한 것 같은 일들에 프로이트는 의미를 부여하고자 노력하였는데 그것은 이 세상에서 일어나는 모든 일에는 나름의 인과관계가 있음을 말해주는 것이다. 프로이트의 중요한 공헌 가운데 하나는 꿈에 대한 해석의 길을 열어주었다는 데에 있다. 우리가 보통

개꿈으로 여기며 대수롭지 않게 생각하는 꿈들에 대해 프로이트는 주목하였던 것이다. 꿈에도 나름의 필연성이 있다는 이야기다. 무언가의 논리에서 꿈을 꾸게 되는 것이며, 언뜻 무의미해 보이는 그 일에도 필연의 손길이 있음을 그는 말하였던 것이다.

종교개혁자들의 삶 속에서도 우연 중에 역사하셨던 하나님의 손길을 보게 된다. 칼빈의 제네바 개혁은 우연한 일로 시작된 것이었다. 1536년 당시 칼빈은 자기의 고국 프랑스를 떠나 독일의 영토였던 스트라스부르로 가려 하였다. 그러나 당시 보불전쟁으로 국경이 폐쇄되었기 때문에, 칼빈은 할 수 없이 스위스를 거쳐 그리로 돌아갈 수밖에 없게 된다. 그는 잠시 머무를 생각으로 제네바에 들렀지만, 그는 그곳에서 개혁자 파렐을 만나게 되며 그와의 우연한 만남을 통해 칼빈은 거의 강제로 제네바에 머무르게 된다. 이렇게 우연한 사건이 칼빈의 제네바 개혁의 시작이 되었던 것이다. 칼빈이 제네바에서 일하게 된 것은 그의 뜻이라기보다는 우연 속에서 역사하신 하나님의 섭리였다. 프랑스를 떠나고 싶었던 것, 전쟁이 일어난 것, 우회하게 된 것, 파렐을 만나게 된 것, 그를 만나 제네바에 머무르기로 어렵게 정하게 된 것 등 이러한 모든 일에 다 하나님의 뜻이 있었다는 것이다.

1505년 루터가 22세 되던 어느 날 그는 벼락을 맞는 경험을 하게 된다. 그때 그는 문학박사 학위를 받고 에르푸르트 대학에서 법학박사 학위를 받기 위해 공부하고 있던 때였다. 아마 벼락 맞은 경험이 없었더라면 그는 평범한 법률가의 길을 걸었을 것이다. 그는 벼락을 맞는 순간 공포를 체험하게 되며, 아버지의 수호신이며 광부들의 수호신인 성 안나에게 "살려주면 수도사가 되겠다."고 서원한다. 바로 이 사건이 루터를 아우구스티누스 수도원의 수도사가 되게 하는 계기가 되었던 것이다. 루터는 벼락을 맞는 우연한 계기를 통해 삶의 진로를 바꾸게 되었다. 우리는 이 같은 우연한 일들 속에서 하나님의 필연적 섭리를 본다.

에스더서에는 하나님이란 이름이 한 번도 나오지 않는다고 이미 언급했다. 그러나 우리는 에스더서를 읽을 때마다 하나님의 모습을 또렷이 발견하게 된다. 우리의 삶에 우연히 일어난 일들을 곰곰이 생각하여 보면 그 속에 하나님의 얼굴이 숨겨져 있다. 우리는 이러한 하나님 발견의 모습을 판박이 종이에 빗대어 설명할 수 있다. 문방구에서 파는 판박이 종이에는 그림이 잘 나타나 있지 않지만, 공책에 대고 손톱이나 동전으로 긁으면 그림이 공책에 판박이 되어 나타나게 된다. 우연한 일들을 판박이 종이를 긁듯 계속 음미하여 보면 그 속에서 주님의 뜻을 통찰할 수 있을 것이다. 통찰력이 있는 사람은 평범한 일 가운데에서도 주님의 모습을 발견하지만, 그렇지 못한 사람은 하나님의 모습이 보이는 데도 그것이 하나님인지 알지 못하고 넘어가게 된다는 것이다.

하나님의 섭리에 대한 응답으로서의 소명

"모르드개가 그를 시켜 에스더에게 회답하되 너는 왕궁에 있으니 모든

> 유다인 중에 홀로 목숨을 건지리라 생각하지 말라. 이때에 네가 만일 잠 잠하여 말이 없으면 유다인은 다른 데로 말미암아 놓임과 구원을 얻으려니와 너와 네 아버지 집은 멸망하리라. 네가 왕후의 자리를 얻은 것이 이때를 위함이 아닌지 누가 알겠느냐 하니."(에 4:13-14)

우리는 이 본문에서 모르드개의 영웅적인 기상을 살펴볼 수 있게 된다. 그는 최후의 가능성인 것 같아 보이는 상황 가운데에서도 여유를 잃지 않았다. 네가 하지 않는다고 하여도 우리에게는 또 다른 기회가 있을 것이라고 그는 믿었다. 사실 구원의 가능성은 그 길 하나였다. 그럼에도 불구하고 모르드개는 또 하나의 희망을 떠올리고 있다. 그는 계속 에스더에게 말한다. "네가 왕후의 위를 얻은 것이 이때를 위함인지 누가 아느냐?" 에스더가 왕후가 된 것은 결코 우연이 아니라는 말이다.

민족의 상황과 전후좌우의 역사적 흐름에 무관심한 자는 그것을 우연이라고 흘려보낼 수 있을지 몰라도, 역사적 안목을 갖고 시대를 읽는 자라면 그것을 결코 우연으로 흘려보낼 수 없다. 그때 에스더가 왕후의 자리에 있게 된 것에는 하나님의 깊은 섭리가 작용하였다는 것이다. 바로 너를 통해 하나님께서는 이스라엘을 구원하시려고 계획하셨음을 모르드개는 에스더에게 설명하였다. 에스더는 때를 파악하고 그 시대에 자신의 할 일을 발견하고 있다.

이것이 우연이 아니고 하나님의 섭리였음은 그것이 우연이 아닌 필연의 일이었다는 사실의 발견만으로 충분히 확증되지 않는다. 그것은 자신의 소명 발견에까지 이어져야 한다. 행동을 통해 내가 그 사건에 직접 뛰어들기 전에는 하나님의 섭리가 구체화되지 않을 뿐 아니라 응답의 절실감도 없다. 에스더는 죽으면 죽으리라는 결단을 하면서 자신을 부르심에 응답하였다. 우연이 아닌 필연임을 알 때 우리는 목숨을 걸고 결단하게 되며, 그러한 결단을 통하여 그것이 필연적인 사건임이 더욱 또렷하게 되는 것이다. 그렇게 목숨을 걸고 할 일을 발견치 못한 자는 아직 하나님을 확연히 발견한 자라 할 수 없다. 에스더와 같은 용기 있는 인간이 없었더라면, 그 하나님의 숨은 역사가 드러나지 않았을지 모르겠다. 역사의 배후에 숨어 계시는 하나님께서 인간이 참여하는 결단을 통해 역사의 전면에 드러나게 된다.

우연성의 극치로서의 '부르'

"무리가 부르의 이름을 따라 이 두 날을 부림이라 하고 유다인이 이 글의 모든 말과 이 일에 보고 당한 것으로 말미암아 뜻을 정하고 자기들과 자손과 자기들과 화합한 자들이 해마다 그 기록하고 정해 놓은 때 이 두 날을 이어서 지켜 폐하지 아니하기로 작정하고."(에 9:26-27)

에스더 사건의 결과 이스라엘 민족에게는 부림절이라는 절기가 세워지게 된다. 여기에서 부림절이라는 말은 '부르'라는 말에서 나온 것으로, 제비(주사위)라는 뜻이다.

　이스라엘 민족은 종종 제비를 뽑아 그들의 중대 문제를 결정하곤 했다. 아이성 함락에 실패한 그들은 제비를 뽑아 문제의 원인을 규명하였다. 제비를 뽑은 결과 아간이 지목되었으며 그에 따라 아간은 처형되었던 것이다. 예수 그리스도께서 승천하신 후 제자들은 공석 중인 한 자리를 채우기 위하여 제비를 뽑아 맛디아를 선발하였다고 전한다. 이스라엘 민족은 여러 중대한 일들을 제비에 의거하여 결정하였다. 제비는 인간 편에서 볼 때에는 우연성의 극치를 달리는 행위다. 주사위를 던져 1이 나오거나 6이 나오는 것은 사건의 전말과는 전혀 상관없는, 어찌 보면 무모하기 짝이 없는 그러한 결정이다. 그러나 이스라엘 민족은 그러한 제비뽑음을 통하여 그들의 중대사를 결정하였는데, 그 제비를 던지는 이는 사람이어도 그것을 정하는 이는 하나님이시라는 신념을 가지고 있었기 때문이다(잠 16:33). 하나님은 우연을 통해 역사하는 분이시다. 이스라엘 백성은 이에 부림절 곧 제비절을 만들어 이러한 우연 속에서 자신의 일을 이루시는 하나님을 기념하였던 것이다.

　인생을 살다 보면 우연인 것 같아 보이는 많은 일이 있다. 행복하였거나 불행했던 그런 일들을 곰곰 생각해 보면 우리는 거기서 하나님의 얼굴을 떠올릴 수 있게 된다. 결국 그러한 모든 일들은 하나님의 돌보심과 지키심의 사건이었다. 그러한 역경들을 통해 이때에 이곳에 나를 있게 하신 하나님의 뜻을 우리는 물어야 한다. 이곳에 있게 함에는 나름의 이유가 있다. 존재는 행위를 통해 정위되어져야 한다. 그리지 않을 경우 우리의 존재는 우연성과 무의미의 나락으로 떨어지고 말 것이다.

모르드개의 말을 통해 에스더는 자신의 삶을 해석하고 이해할 수 있게 되었다. 에스더는 모르드개 말의 인도를 받아 역사적인 맥락 속에 있는 자신의 존재를 바라보게 된다. 그녀는 자신의 현실이 우연한 것이 아님을 깨닫고 하나님 앞에서 자신의 행동을 결단하게 된다. 에스더는 자신의 행동에 의해 자신의 해석과 현실의 흐름이 일치함을 다시 확인하고, 자신이 가한 해석을 더욱 강화하였을 것이다.

필연과 소명

그 하나님은 인간의 역사 속에 숨어 계심과 동시에 그 인간의 사역을 통하여 인간역사에 참여하신다. 에스더 4장 16절에는 다음의 말씀이 나타난다.

> "당신은 가서 수산에 있는 유다인을 다 모으고 나를 위하여 금식하되 밤낮 삼 일을 먹지도 말고 마시지도 마소서. 나도 나의 시녀와 더불어 이렇게 금식한 후에 규례를 어기고 왕에게 나아가리니 죽으면 죽으리이다 하니라."

용기 있는 인간이 없었더라면 그 하나님의 숨은 역사는 드러나지 않았을 것이다. 또한 14절에 보면 다음과 같은 말씀이 나온다.

"이때에 네가 만일 잠잠하여 말이 없으면 유다인은 다른 데로 말미암아 놓임과 구원을 얻으려니와 너와 네 아버지 집은 멸망하리라. 네가 왕후의 자리를 얻은 것이 이때를 위함이 아닌지 누가 알겠느냐 하니."

네가 아닌지 누가 알겠느냐. 내가 아닐 수 있다. 나일 수도 있다. 바로 나다. 바로 너를 통해 하나님께서는 일하기를 원하신다. 에스더가 그 당시 왕비가 된 것은 결코 우연이 아니었다. 이와 같이 우연 속에 역사하시는 하나님의 사역에 참여하려면, 때를 묻고 그 때에서의 나의 할 일을 물어야 한다. 곧 역사 안에서 하나님이 부르시는 소명을 확인할 수 있어야 한다는 것이다.

우리의 삶이 우연이 아니라는 생각은 일종의 역사에 대한 통찰에서 비롯된다. 역사의 전후좌우를 파악하여 이 역사가 우연한 것이 아니며 일관된 틀을 가지고 있다고 통찰하는 순간, 우리의 역사와 삶은 숨을 쉬는 생명체와 같이 변하게 된다. 모든 것은 하나도 우연한 것이 없다. 우주의 별들은 그의 궤도를 따라 움직이고 있으며, 우리의 삶도 정해진 길을 따라 전진하는 것임을 깨닫게 된다. 태어남과 삶, 죽음이 하나도 유의미하지 않은 일이 없다. 삶의 매 순간 주님께서 우리에게 성령의 통찰을 주셔서 우리가 결단하여야 할 일이 무엇인지 인지하게 하실 것을 바랄 뿐이다. 우연한 일들 속에서 하나님이 느껴지는 것 같다.

첫 번째 문, 통찰의 문 열기

통찰력이란 분석을 통하여 어떤 것을 파악하는 능력이라기보다는, 어떤 것을 전체적으로 한 번 보고 순간적으로 파악하는 능력이라고 할 수 있다. 예를 들어 결혼을 앞둔 사람이 자신이 선본 사람 중 한 명을 배우자로 정하려 할 때, 만난 사람들의 이력을 분석하여 점수를 내고 평가한 다음 정한다고 하여, 그러한 분석적 평가가 결혼 생활의 행복을 보장하지 못하는 것은 분명한 일일 것이다. 오히려 상대를 만났을 때의 첫인상이 어떤 사람이 좋았던가를 통찰하여 배우자를 정하는 것이 더 안전한 배우자 선택 방법일지 모른다. 우리가 새로운 사업을 할 때도 그렇다. 우리의 지식과 분석적 능력을 통하여 이 사업을 할 것인가를 정하는 것이긴 하지만, 더 중요한 것은 기도해 보고 주님의 뜻에 의지하여 그것을 결정하는 통찰력이 우리에게 더 중요할 것이라 생각한다.

통찰력이 있는 사람은 하나님의 얼굴을 볼 수 있으나, 통찰력이 부족한 사람은 삶의 모든 것들을 우연의 복합물로만 생각한다. 삶의 전후좌우를 살펴 그 삶의 총체적 역사성을 깨닫는 통찰력을 가진 사람과 그렇지 못한 사람과의 삶에 대한 태도는 같은 것이 아니다. 앞에서 언급하였듯 에스더는 자신이 그 시대의 왕비가 된 것의 의미를 처음에는 통찰하지 못하였으나, 모르드개의 설명을 듣고 삶에 숨겨져 있는 역사적 통찰력을 갖게 되었던 것이다. 에스더는 우연한 것 같은 그녀의 삶 속에 자리하고 있는 하나님의 필연을 목도하고, 하나님의 계심과 나를 향한 그분의 계획을 깨닫게 된다. 모든 것이 어수선하고 카오스와 같이 무질서하기만 한 것 같았던 그녀의 삶에 모르드개의 말은 한 줄기 빛과 같은 것이었으며, 그것을 통해 에스더는 자신의 소명을 통찰하게 되었던 것이다.

이와 같이 주님의 계시는 우리의 삶에 하나의 통찰력을 준다. 얽히고 설켜 우리 삶의 실타래가 풀려 한 줄의 실로 정리되는 것을 보면서, 우리는 우리 삶의 의미와 지향성을 다시 찾게 되는 것이다. 모든 것이 주님의 섭리와 예정 가운데 일어난 일들로서 우리의 삶은 그저 우연이 아니라는 것을 우리는 성경의 통찰력을 빌려 파악하게 된다. 하나의 들풀도, 한 마리의 작은 새도 주님의 뜻 아니면 사라지지 않는다는 진리를 우리는 이러한 통찰력의 빛을 통해 깨닫게 되는 것이다.

이해를 위한 질문들

1. 에스더서의 하나님 통찰 방식에 대해 설명하시오.

2. 모세의 남성적 민족해방 방식과 에스더의 여성적 민족해방 방식의 차이를 말해보시오.

3. 자신의 삶에서의 우연한 일들을 회상하고 그것 속에서의 하나님의 섭리를 발견하여 봅시다.

The Seven Gates of God's Sanctuary

마태복음 5장 3-10절
"심령이 가난한 자는 복이 있나니 천국이 그들의 것임이요,
애통하는 자는 복이 있나니 그들이 위로를 받을 것임이요,
온유한 자는 복이 있나니 그들이 땅을 기업으로 받을 것임이요,
의에 주리고 목마른 자는 복이 있나니 그들이 배부를 것임이요,
긍휼히 여기는 자는 복이 있나니 그들이 긍휼히 여김을 받을 것임이요,
마음이 청결한 자는 복이 있나니 그들이 하나님을 볼 것임이요,
화평하게 하는 자는 복이 있나니 그들이 하나님의 아들이라 일컬음을 받을 것임이요,
의를 위하여 박해를 받은 자는 복이 있나니 천국이 그들의 것임이라."

두 번째 문

마음의 문
하나님을 사랑하다

행위와 존재

어떤 신학자는 구약성경의 내용을 두 단어로 요약하였다. 영어로 엑소더스(exodus)와 엑자일(exile)이다. 우리말로 번역하면 '출애굽'과 '포로됨'이라 할 수 있다. 구약 초기에 하나님께서 이스라엘 백성을 애굽의 학정에서 해방하셨지만, 구약은 결국 다시 노예가 되는 역사로 마감하게 된다. 이스라엘이 종국에는 바벨론에 망하여 처참한 꼴이 되어 포로로 끌려가게 되는 것이다. 노예 해방에서 다시 노예됨으로 끝나는 역사다. 이와 같이 구약은 이스라엘의 실패한 역사를 그리고 있다.

우리는 이 같은 구약의 실패에서 왜라는 질문을 하게 된다. 왜 실패한 것일까? 구약성경은 실패의 궁극 원인을 그 백성들이 하나님의 명령을 준행하지 못했기 때문이라 결론 내린다. 하나님께서는 그들을 위해 십계명을 위시한 여러 계명들을 주셨지만, 백성들은 그러한 주님의 말씀을 준행하는 데 실패했던 것이다. 정치를 못해서, 경제가 무너져서, 군사력이 약해서 이스라엘이 망한 것이 아니다. 말씀 순종에 실패했기 때문이다.

왜 이스라엘 백성은 율법을 받았음에도 그것을 준행하는 데 실패한 것일까 질문해보게 된다. 아마 이 문제는 천국에서도 많은 논란거리가 되었을거라고 생각한다. 천국의 주요 구성원들이 모여 이 문제를 깊이 있게 진단했을 것이다. 이 같은 구약의 실패를 토대로 신약의 내용이 전개되는바, 신약의 전략은 구약의 것과는 다른 것이었음을 알게 된다.

구약의 이스라엘 백성들은 율법을 받았음에도 불구하고 그것을 행할 능력이 부족하였던 것이다. 그것은 역도 선수가 무거운 역기를 드는 것과 비슷하다. 역도 선수가 무거운 역기를 들려면 그에 대한 요령을 듣는 것만으로는 충분하지 않다. 중요한 것은 부단히 역기를 드는 연습을 하여 기본 힘을 길러야 한다는 것이다. 요령이 중요한 것이 아니며 기본 힘을 기르는 것이 중요하다. 어떤 율법적 행동을 실행하려면 그러한 행위를 뒷받침하는 인간 존재의 힘이 있어야 하는데, 이스라엘 백성에겐 그런 힘이 부족하였다. 행함(to do)에 앞서 존재(to be)의 변화가 우선되어야 한다. 행위에 대한 규정만으로는 부족하다. 그것을 이행할 수 있는 존재의 변화와 마음의 변화가 선행되어야 한다는 것이다.

우리는 보통 이 문제를 율법과 복음의 문제, 또는 명령법(imperative)과 직설법(indicative)의 문제로 말하곤 한다. 율법적인 명령을 주었다고 하여 다 되는 것은 아니다. 효도하라고 아무리 가르쳐도, 효도할 마음이 준비되지 않는다면 헛된 구호에 지나지 않는다. 이에서 복음의 문제가 대두된다. 복음은 먼저 율법 준행을 명령하는 것으로 접근하지 않는다. 복음은 은혜를 먼저 말한다. 은혜로 죄인이 의인 되었노라고 언급한다. 율법을 행하는 문제 이전에, 새로운 사람이 되었음을 선포하는 것이다. 존재가 변하지 않고는 율법의 명령을 준행할 수 없다는 것이다.

명령법은 우리가 무엇을 행하여야 하는지를 명령하지만, 직설법은 우리가 어떤 존재가 되어야 하는지를 먼저 강조한다. 이런 의미에서 명령법은 율법에 해당하고, 직설법은 복음과 은혜에 해당한다. 율법을 지켜 의인이 되는 것이 아니며, 율법의 지킴에 상관없이 먼저 의인이 되었음을 선포하는 것이 은혜다. 율법은 우리로 하여금 선으로 나아가게 하지 못한다. 오직 예수 그리스도의 은혜로 의인된 자만이 주님의 명령을 준행하는 힘을 갖는다는 말이다. 행위에 앞서 존재 변화의 중요성을 말하는 것으로, 마태복음은 이런 존재의 변화를 마음의 차원에서 설명한다. 마태복음의 핵심 개념은 마음이므로 헬라어 '카르디아'에 집중하여 마태복음을 읽으면 더 나은 이해를 할 수 있을 것이라 생각된다. 헬라어 '카르디아'는 모든 영어 성경에 'heart'로 번역된다. 인간의 감성적 부분을 가리킨다. 마음으로서의 정서가 그릇되면 우리의 행동이 바로될 수 없는 것으로, 정서를 차분하게 하고 안정되게 하는 것이 우리의 삶에 중요함을 인지하게 된다.

기초와 집, 나무와 열매

마태복음은 바른 행동을 가능하게 하는 마음의 중요성을 기초와 집이라는 개념으로 먼저 설명한다. 마태복음 7장 24-27절에는 다음의 말씀이 있다.

"그러므로 누구든지 나의 이 말을 듣고 행하는 자는 그 집을 반석 위에 지은 지혜로운 사람 같으리니, 비가 내리고 창수가 나고 바람이 불어 그 집에 부딪치되 무너지지 아니하나니 이는 주추를 반석 위에 놓은 까닭이요, 나의 이 말을 듣고 행하지 아니하는 자는 그 집을 모래 위에 지은 어리석은 사람 같으리니, 비가 내리고 창수가 나고 바람이 불어 그 집에 부딪치매 무너져 그 무너짐이 심하니라."

이 본문에서 집이란 눈에 보이는 행동을 말하며, 기초란 그 행동의 근거가 되는 것을 지적한다. 눈에 보이는 행동으로서의 집이 중요한 것이 아니라, 그것을 떠받치고 있는 집의 기초가 기본임을 언급하는 말씀이다. 기초가 허술한 곳에 아무리 좋은 집을 짓는다고 하여도 소용이 없는 것과 같이, 외적인 행동보다는 내적인 기초로서의 마음이 중요함을 이 본문은 강조한다. 마음의 기초가 든든한 자는 말씀을 듣고 행하는 자가 될 수 있다는 말씀이다.

다음으로 마태복음 7장 17-20절은 다음과 같이 언급한다.

"이와 같이 좋은 나무마다 아름다운 열매를 맺고 못된 나무가 나쁜 열매를 맺나니, 좋은 나무가 나쁜 열매를 맺을 수 없고 못된 나무가 아름다운 열매를 맺을 수 없느니라. 아름다운 열매를 맺지 아니하는 나무마다 찍혀 불에 던져지느니라. 이러므로 그들의 열매로 그들을 알리라."

이 본문은 열매로 그들을 알리라고 말한다. 여기에서 열매란 그들의 행위를 말하는 것으로 행위가 중요함을 언급한다. 입으로 주여 주여 하는 것이 중요한 것이 아니라 실제로 행하는 것이 중요함을 강조한다. 이와 같이 그러한 바른 행동으로서의 좋은 열매가 맺히려면, 그것의 기초가 되는 나무가 중요함을 이 본문은 말한다. 나무를 잘 키우지 않고 좋은 열매를 기대한다는 것은 우물에서 숭늉을 기대하는 것과 다름없다. 콩 심은 데 콩 나고 팥 심은 데 팥 나는 것과 같이, 좋은 나무로 가꾸지 않고 좋은 열매를 원한다는 것은 언어도단이라 할 수 있다. 존재로서의 나무가 좋아야 행위로서의 열매를 기대할 수 있음을 이 본문은 강조한다.

이와 같이 마태복음은 기초와 나무를 강조하는 책이다. 구약의 율법을 행하기 위해서는 그에 대한 준비가 필요한데, 그것이 우리의 근본 존재 곧 마음의 준비임을 마태복음은 말한다. 윤리강령을 백 번 가르치는 것도 중요하지만, 그러한 주님의 명령을 준행할 수 있는 마음의 힘을 기르고, 마음을 수련하는 것이 중요함을 이 본문들을 주장하고 있다. 우리 마음의 정서가 바로 되지 않고서는 선한 행위를 실천하는 인간이 될 수 없다는 것이다.

선행도 마음에서 나오며, 악행도 마음에서 나온다

마태복음 15장 19절에 "마음에서 나오는 것은 악한 생각과 살인과 간음과 음란과 도둑질과 거짓 증언과 비방이니"라는 말씀이 있다. 모든 주요한 죄가 다 마음 곧 '카르디아'에서 나오는 것이라고 한다. 십계명이 언급하는 주요 죄목들을 본문은 언급한다. 살인, 간음, 도둑질, 거짓 증거이다. 여기서 거짓 증거란 단순히 거짓말과는 조금 다른 의미를 갖는다. 그 말은 법정적 용어로서 법정에 섰을 때 맹세한 다음 거짓된 증언을 하지 말라는 의미다. 맹세를 신중히 하라는 뜻이다. 이 본문 중엔 하나의 죄목이 더 붙어 있는데 비방이다. 비방이란 뒤에서 남을 헐뜯는 것을 말한다. 이유 없이 남을 비난하고 욕하는 것은 아주 나쁜 죄 가운데 하나라는 것이다. 이 본문은 그러한 중요한 죄들이 다 우리의 마음에서 나오는 것임을 언급한다. 우리의 마음 자세가 바르지 않으면 죄를 이길 수 없음을 설명하는 것이다.

야고보서 1장 15절은 다음과 같이 말한다.

"욕심이 잉태한즉 죄를 낳고 죄가 장성한즉 사망을 낳느니라."

우리에게 사망과 파멸과 불행을 가져오는 것이 일단 죄임을 성경은 말한다. 우리가 약해서, 가난해서, 성공하지 못해서 불행해지는 것이 아니라, 우리 속의 죄가 우리를 파멸로 이끄는 것이라는 것이다.

그런데 그 죄악을 야기하는 더 기초가 되는 것이 있는데, 야고보서는 그것은 우리 마음의 욕심으로 설명한다. 욕심이란 일종의 우리 마음의 잘못된 모습을 가리키는 것으로, 성경은 주요한 욕심들로 물욕,

성욕, 명예욕, 건강과 장수에 대한 욕심을 언급한다. 돈과 재물이 우리의 생명 유지를 위해 필수적인 것이긴 하나, 그것에 집착이 지나치면 도둑질하게 된다. 성욕은 자녀의 생산과 연관되는 욕심이다. 자녀를 잘 생산하여 잘 기르는 것은 모든 사람의 기본되는 욕구 중 하나다. 이러한 성욕은 자식에 대한 욕심과 연관되는 것으로, 그에 대한 집착이 지나치면 죄악을 야기하게 되는 것임을 깨닫게 된다. 명예가 필요한 것이나 그에 대한 욕심이 지나치면 오히려 자신의 명예를 손상하는 일을 하게 된다. 명예를 추구하면서 거짓을 말하기 쉽고 과장하기 쉬움을 깨닫게 된다. 건강과 장수에 대한 욕심도 그렇다. 건강에 대한 욕심만큼 끈질긴 것도 없다. 그러나 자신의 생존에 대한 지나친 집착은 여타의 생명을 해하는 결과를 야기한다. 건강하게 사는 일이 중요한 일이긴 하지만, 그렇지 못하다고 하여 크게 실망할 필요도 없다. 나만 잘 살고 잘되며 건강하려는 마음이 우리의 모든 것을 그르치게 한다. 우리가 우리의 생활 중에서 욕심을 점점 줄여나갈 때 하늘의 행복이 우리의 것이 되리라 믿는다. 욕심 있는 마음이 문제다.

역대하 30장 12절은 "하나님의 손이 또한 유다 사람들을 감동시키사 그들에게 왕과 방백들이 여호와의 말씀대로 전한 명령을 한 마음으로 준행하게 하셨더라."라고 말한다. 이 본문은 유다 사람들이 마음으로 여호와의 말씀을 준행하였음을 설명한다. 하나님의 명령을 준행하는 데에 마음이 중요함을 언급하는 말씀이다. 인간의 마음이 잘못되어 악행하게 되는 것과 같이, 인간의 선행도 마음에서 비롯되는 것임을 이 본문은 말한다.

마음의 복을 강조하는 팔복

구약의 십계명 위치에 신약의 팔복이 있다. 이스라엘 백성들이 십계명을 시내산에서 받았듯이 예수 그리스도께서도 팔복을 그의 사역 초기 산 위에서 선포하셨다. 우리는 마태복음 5장부터 8장까지의 예수 그리스도의 가르침을 산상수훈이라 부른다.

마태복음 5장 3-10절의 팔복은 구약 백성들의 율법 준수 실패를 분석하며, 행위의 율법에 앞서 마음의 변화가 중요함을 강조한다. 마음이 변화받지 않으면 주님의 율법을 준행하지 못하게 된다는 것이다. 십계명은 일종의 윤리적인 명령으로 되어 있다. 살인하지 말라, 간음하지 말라, 도둑질하지 말라, 거짓증거하지 말라는 등의 윤리적 강령으로써 십계명이 구성된 반면, 팔복은 마음의 준비에 대해 강조한다. 십계명은 일종의 소극적인 곧 하지 말라는 명령인 반면, 팔복은 적극적인 복의 비결을 말한다. 십계명은 우리에게 악행과 불행을 피하는 방법에 대해 가르치는 반면, 팔복은 우리에게 적극적인 축복의 길을 설명한다.

1) 첫 번째 복 : "심령이 가난한 자는 복이 있나니 천국이 그들의 것임이요."

팔복은 건강하거나, 성공하여서 또는 자녀가 잘되어야만 우리가 행복해지는 것으로 말하지 않는다. 심령이 가난해야 행복하다는 것이다. 행복은 마음의 문제이지 외적인 조건의 문제가 아니라는 것이다. 이 본문에서 심령은 헬라어로 '프뉴마' 로서 영을 언급한다. 영이 가난하여야 천국의 행복을 누릴 수 있다는 것이다. 여기에서 영의 가난과 반대되는 개념으로 우리는 육체의 욕심을 말할 수 있을 것 같다. 우리를 불행하게 하는 것은 마음의 욕심이다. 마음의 욕심을 비우지 못하니 온갖 불행에서 벗어나지 못하게 된다. 욕심이 죄악을 가져오며 죄가 온갖 불행을 야기한다고 야고보서 1장 15절은 말한다. 마음을 비워 주님 한 분만으로 만족하는 삶을 사는 것이 참 행복의 길이 된다. 욕심을 내어도 채울 수 없는 것들을 추구하기보다는, 언제나 우리의 마음을 가득 채우고 있는 영적 만족을 바라봐야 할 것 같다.

2) 두 번째 복 : "애통하는 자는 복이 있나니 그들이 위로를 받을 것임이요."

잘 우는 사람이 복이 있다는 말씀이다. 마음이 메마르면 눈물도 마르게 된다. 잘 운다는 것은 마음이 경직되어 있지 않음을 나타내는 것으로, 그런 사람들은 대부분 정서가 잘 발전되어 있는 사람들이다. TV를 보며 잘 우는 사람들이 있다. 정이 많은 사람이다. 이런 사람들하고 사는 것은 행복하다. 여유도 없이 항상 얼굴이 굳어져 있는 사람들과의 삶은 즐겁지 않다. 인간의 행복은 마음에서 비롯된다. 마음이 여유롭고 포근하면 그곳에 행복이 깃드는 것이지만, 마음이 강퍅하고 어둡게 되면 온갖 불행이 그를 공격하게 된다. 마음이 경직되지 않아 울 수 있는 사람은 행복한 사람이다.

3) 세 번째 복 : "온유한 자는 복이 있나니 그들이 땅을 기업으로 받을 것임이요."

사람들이 급하고 거칠게 되는 이유가 있다. 자신이 원하는 것은 많은데, 그것이 쉬 얻어지지 않아 마음이 급해지기 때문이다. 빨리 이루려 하니 온갖 폭력이 동원된다. 느긋해야 온유할 수 있다. 이런 의미에서 온유란 마음속의 폭력과 반대되는 것이다. 쉽게 화를 내고, 금방 얼굴이 붉어지는 사람은 사고치기 쉽다. 욱하는 성격 때문에 살인하고 문제를 일으키게 된다. 슬로 라이프가 요즈음 강조되고 있다. 느린 삶이 여유롭다는 것이다. '빨리 빨리'가 한국 사람에게 문제되는 병폐이므로 좀 느리더라도 여유를 갖는 온유한 삶의 추구가 좋을 듯싶다. 급하게 얻으려 한다고 하여 자기 것이 되는 것도 아니다. 성공이 조금 느리더라도 한 단계 한 단계 진행하다 보면 모든 복이 자신 안에 있음을 깨닫게 될 것이다.

4) 네 번째 복 : "의에 주리고 목마른 자는 복이 있나니 그들이 배부를 것임이요."

표현이 재미있다. 의를 행하는 자가 복이 있다고 언급되어 있지 않다. 의에 주리고 목마른 자의 복에 대해 말한다. 의를 행하기에 앞서 먼저 정의와 의로움을 갈망하는 자가 되어야 함을 강조하는 말이다. 배고픈 사람이 밥을 먹게 되는 것과 같이, 의를 갈망하는 자는 의를 행하게 마련이다. 배가 고프지 않는데 밥을 먹는 것은 성인병의 원인이 된다. 너무 먹어 병이 될 때가 많다. 어떤 경우는 의를 갈망하지 않았는데도, 남에게 의를 행한 것 같이 보일 때도 있다. 의에 대해 모르면서 의를 추구하지도 않았는데, 어찌하다 의로운 행위를 하게 되었다면 그것이 그에게 영양이 될 수 있을지 의문이다. 의를 행하기에 앞서 의에 대한 주림이 있어야 참다운 선행이 되는 것이 아닌가 싶다. 아직 의에 이르지 않았지만 의를 갈망하는 것에서 참 행복이 솟아난다.

5) 다섯 번째 복 : "긍휼히 여기는 자는 복이 있나니 그들이 긍휼히 여김을 받을 것임이요."

주석가들은 이 본문을 긍휼을 베푸는 자란 뜻으로 설명하지 않는다, 긍휼한(merciful) 성품을 가진 자로 해석한다. 불쌍히 여기는 마음, 자비로운 마음, 남의 고통에 공감하는 마음을 언급한다. 일종의 측은지심이다. 영어에 'compassion'이란 단어가 있다. 감정을 함께한다는 말로, 우리말로는 '공감'으로 번역된다. 우는 사람과 함께 울고 웃는 사람과 함께 웃을 수 있는 능력이다. 다른 사람들의 감정에 공명할 수 있는 능력을 말하는 것이다. 아내를 때리면서도 아내가 얼마나 아파하고 고통스러워하는지를 가늠하지 못하는 남편들도 있다. 그것이

지나치면 사이코패스가 된다. 무서운 사람이다. 이런 사람은 주변 사람들을 괴롭힘과 동시에 자신도 성격 파탄자가 되어 파멸하게 되는 것이다. 나의 마음을 읽어야 남의 마음을 읽을 수 있으며, 남의 마음을 읽어야 나의 마음도 읽혀지게 된다. 행복이란 마음을 읽는 능력이다. 자기 마음에 각인된 행복의 글자들을 읽지 못하는 사람은 행복에 문맹일 수밖에 없다.

6) 여섯 번째 복 : "마음이 청결한 자는 복이 있나니 그들이 하나님을 볼 것임이요."

팔복의 핵심적인 단어가 나왔다. '마음'이다. 여기서 마음이란 헬라어로 '카르디아'로서 인간의 정서적인 부분을 가리킨다. 정서가 순수한 사람과 그렇지 못한 사람이 있다. 정서가 순수한 사람은 사물을 비뚤게 보지 않는다. 인간은 인간으로 산은 산으로 물은 물로 본다. 그러나 마음이 순수하지 못한 사람은 모든 것을 왜곡되게 본다. 하나님을 하나님으로 바로 보아야 하는데도, 하나님 앞에서도 하나님을 하나님으로 보지 못하는 것이다. 마음을 깨끗하게 유지하는 것이 필요하다.

명경지수라는 말이 있다. 맑은 거울과 같은 물을 의미한다. 맑은 호수는 바닥까지도 투명하게 보인다. 그러나 물이 맑지 않으면 한 치 아래도 구별할 수 없게 된다. 우리의 마음은 호수와 같다. 투명하면 나의 마음이 읽혀지게 되나, 물을 헤집어서 요동치게 하면 스스로의 마음이라도 읽을 수 없게 되는 것이다. 우리의 마음 깊은 곳에 하나님이 계신다. 마음이 투명할 땐 깊은 곳에 있는 하나님의 모습이 내 마음에 비치나, 마음이 맑지 못하면 자신의 마음도 읽을 수 없을 뿐 아니라 하나님의 형상도 식별할 수 없게 된다. 그러므로 마음을 조용하게 만드는 훈련이 필요하다. 마음의 안정이라고도 말할 수 있을 것 같다. 조용히 묵상하며 나의 마음을 항시 정돈하여야만 마음의 깨끗함을 유지할 수 있다. 마음이 흔들리지 않게 하는 것이다. 욕심 때문에 마음이 동요하게 해서는 안 된다. 조용히 눈 감고 주님의 말씀을 묵상하며 나의 마음을 다잡아 보아야 할 것이다.

7) 일곱, 여덟 번째 복 : "화평하게 하는 자는 복이 있나니 그들이 하나님의 아들이라 일컬음을 받을 것임이요, 의를 위하여 박해를 받은 자는 복이 있나니 천국이 그들의 것임이라."

화평이란 영어로 'peace'로서 히브리어로는 '샬롬'으로 일컫는다. 피스메이커가 복이 있다는 말이다. 우리가 만들려고 하는 것은 분쟁과 전쟁이 아니다. 모든 피조물이 조화롭게 잘 사는 세상을 만드는 것이 목표다. 그러한 하나님의 나라는 우리의 마음에서 비롯된다. 누가복음 17장 21절은 하나님의 나라가 우리 안에 있음을 언급한다. 천국은 다른 곳에 있는 것이 아니라 우리 마음속에 있다는 것이다. 우리 마음속에 있는 조화가 모든 것들과의 조화와 샬롬으로 열매 맺게 된다. 천국은 우리의 마음을 통해 이룩되는 것으로, 그와 같은 하나님의 나라를 성취하기 위해 일하는 자들이야말로 하나님의 아들임을 팔복은 말한다. 다툼과 분쟁없이 온전한 관계를 유지하고 사는 샬롬의 삶은, 그렇다고 하여 어떠한 갈등이 없음을 의미하지는 않는다. 어떤 때는 의를 위해서 갈등하며 박해받는 상황이 될 수도 있다. 모든 것이 조화된 샬롬을 위해 일한다고 하여 우리에게 언제나 평강만이 주어지는 것은 아니다. 많은 번뇌와 갈등이 우리에게 있을 수 있다. 또한 그것으로 마음이 동요할 수도 있다. 그러나 멀리 볼 때 평화를 위해 일하는 자에게는 천국이 주어지는 것임을 성경은 강조한다. 갈등과 어려움이 있을 수 있다. 그것 때문에 마음의 안정이 위협받을 수도 있다. 그럼에도 하나님의 천국을 우리의 마음으로부터 빼앗을 수 있는 것은 아무 것도 없다. 하나님의 아들에게는 천국의 삶이 주어지게 마련이다.

이와 같이 팔복은 우리 행동에 대한 규정보다는 마음의 태도를 앞서 강조한다. 마음이 따뜻한 사람이 복 받을 아름다운 사람이다. 필자는 아래에 마음의 행복을 담은 헨리 롱펠로의 '아름다운 사람을 만나고 싶다'를 적어보았다.

아름다운 사람을 만나고 싶다.

항상 마음이 푸른 사람을 만나고 싶다.

항상 푸른 잎새로 살아가는 사람을

오늘 만나고 싶다.

언제 보아도 언제 바람으로 스쳐 만나도

마음이 따뜻한 사람

밤하늘의 별 같은 사람을 만나고 싶다.

세상의 모든 유혹과 폭력 앞에서도 흔들리지 않고

언제나 제 갈 길을 묵묵히 걸어가는

의연한 사람을 만나고 싶다.

언제나 마음을 하늘로 열고 사는

아름다운 사람을 만나고 싶다.

오늘 거친 삶의 벌판에서

언제나 청순한 마음으로 사는

사슴 같은 사람을 만나고 싶다.

모든 삶의 굴레 속에서도 비굴하지 않고

언제나 화해와 평화스러운 얼굴로 살아가는

그런 세상의 사람을 만나고 싶다.

아름다운 사람을 만나고 싶다.

오늘 아름다운 사람을 만나서

마음이 아름다운 사람의 마음에 들어가서

나도 그런

아름다운 마음으로 살고 싶다.

아침 햇살에 투명한 이슬로 반짝이는 사람

바라다보면 볼수록 온화한 미소로

마음이 편안한 사람을 만나고 싶다.

결코 화려하지도 투박하지도 않으면서

소박한 삶의 모습으로

오늘 제 삶의 갈 길을 묵묵히 가는

그런 사람의 아름다운 마음 하나를 곱게 간직하고 싶다.

잠언 15장 15절은 "고난 받는 자는 그날이 다 험악하나 마음이 즐거운 자는 항상 잔치하느니라."라고 한다. 마음을 깨끗하게 하고(롬 1:24-25), 부드럽게 하며(출 7:3), 넓히고(고후 6:11-12), 조용하게 하는 것이 행복의 첩경이라는 것이다. 물질적인 복보다, 건강의 복보다, 더 귀한 것이 마음의 복이다. 마음이 편해야 모든 일이 잘 되며 모든 행복이 자기의 것이 된다. 마음이 불행하면 이 세상의 어떤 행복이 주어진다고 하여도 자신의 것이 되지 않는다. 마음을 다스리는 자는 모든 것을 다스릴 수 있으나, 마음을 상실하면 모든 것을 잃게 된다. 무엇보다 마음의 복을 받는 사람들이 되어야 한다.

잠언 4장 23절은 "무릇 지킬 만한 것보다 더욱 네 마음을 지키라. 생명의 근원이 이에서 남이니라."라고 말한다. 참 생명과 행복의 길이 마음을 지키는 데 있다는 것이다. 재물을 지키는 것, 건강을 지키는 것, 명예를 지키는 것도 중요하지만, 가장 우선적으로 지켜야 할 것은 우리의 마음이다.

산상수훈이 강조하는 마음

마태복음은 이와 같이 마음이 행동에 앞서 중요함을 말한다. 마음의 문제가 모든 불행의 근원이다. 마태복음은 십계명의 주요한 죄악들이 모두 마음의 문제에서 야기하는 것이라 언급한다.

> "옛 사람에게 말한 바 살인하지 말라. 누구든지 살인하면 심판을 받게 되리라 하였다는 것을 너희가 들었으나, 나는 너희에게 이르노니 형제에게 노하는 자마다 심판을 받게 되고 형제를 대하여 라가라 하는 자는 공회에 잡혀가게 되고 미련한 놈이라 하는 자는 지옥 불에 들어가게 되리라." (마 5:21-22)

십계명은 살인하지 말 것을 명한다. 하지만 마태복음은 살인을 하게 되는 마음의 상태를 먼저 중시한다. 형제를 미워하고 형제에게 노하는 것으로부터 살인의 행동이 싹튼다는 것이다. 남들에게 쉽게 분노하며 욕하길 잘 하고 욱하는 성격을 가진 사람은 폭력을 행사하기 쉽다. 마음의 미움이 자라나 큰 범죄로 이르게 되는 것이다.

"또 간음하지 말라 하였다는 것을 너희가 들었으나, 나는 너희에게 이르노니 음욕을 품고 여자를 보는 자마다 마음에 이미 간음하였느니라."
(마 5:27-28)

십계명은 간음하지 말라고 명한다. 일종의 행위에 대한 규정이다. 그러나 마태복음은 그런 명령을 배웠다고 하여 그 명령을 준행하게 되는 것이 아니라고 한다. 먼저 마음의 준비가 되어 있어야 한다는 것이다. 여자를 보고 마음에 음욕을 품으면 이미 간음한 것과 마찬가지라고 예수 그리스도께서는 말씀하셨다. 음란한 마음을 품는 것이 뭐 어떤가, 간음을 하지 않으면 되는 것이 아닌가라고 말해서는 안 된다. 마음에 음란함이 있으면 이미 간음의 행동을 한 것과 같다는 것이다. 그러므로 우리는 마음의 동요를 항상 주시해야 한다. 그리고 마음의 음욕을 불러일으킬 만한 일들을 조심해야 할 것이다. 야한 동영상을 본다거나 음란한 분위기의 술집을 가는 것을 좋아한다면 그 사람은 음행으로부터 결코 자유로울 수 없음을 성경은 말하고 있다.

"또 옛 사람에게 말한바 헛 맹세를 하지 말고 네 맹세한 것을 주께 지키라 하였다는 것을 너희가 들었으나, 나는 너희에게 이르노니 도무지 맹세하지 말지니 하늘로도 하지 말라 이는 하나님의 보좌임이요, 땅으로도 하지 말라 이는 하나님의 발등상임이요, 예루살렘으로도 하지 말라 이는 큰 임금의 성임이요, 네 머리로도 하지 말라 이는 네가 한 터럭도 희고 검게 할 수 없음이라."(마 5:33-36)

이 본문은 십계명의 제9계명에 해당하는 본문이다. 우리는 보통 제9계명을 거짓말하지 말라는 계명으로 이해하지만, 정확히 말하면 법정에서 거짓된 증언을 하지 말라는 명령이다. 법정에서 거짓 증언을 하지 않겠다는 맹세를 하였으면, 그 맹세에 걸맞게 거짓된 증언을 해서는 안 된다는 것이다. 9계명이 진정 가리키는 것은 맹세를 신중히 하라는 것이다. 우리는 맹세를 소홀히 생각하며 그 약속을 지키지 않을 때가 많은데, 그와 같은 맹세와 약속을 쉽게 여기는 태도는 우리의 삶을 거짓된 것으로 만든다는 것이다. 이에 본문은 우리에게 도무지 맹세하지 말 것을 명하고 있다. 지킬 수 없는 맹세는 하지 말라는 말이다. 아니 모든 것을 100% 지킬 수 있는 것이 아니므로 아예 맹세하지 말라고 이 본문은 명하고 있다.

"돈을 사랑함이 일만 악의 뿌리가 되나니 이것을 탐내는 자들은 미혹을 받아 믿음에서 떠나 많은 근심으로써 자기를 찔렀도다."(딤전 6:10)

돈에 대한 욕심을 버리지 못하기 때문에 도둑질하고 범죄하게 된다. 돈을 사랑하는 사람은 돈의 유혹에 빠져 부정한 일을 행하게 되고 도둑질을 하고야 말게 되는 것이다. 도둑질을 하는 것으로부터 자유로우려면 우리는 먼저 마음속의 돈에 대한 욕심을 통제할 필요가 있다. 돈을 벌고 돈을 모으는 것은 좋은 것이지만, 그에 지나치게 집착하게 되면 죄악의 올무에 빠지게 됨을 이 본문은 설명한다. 신문에 나오는 대부분의 범죄들을 가만히 살펴보면, 그 원인이 대부분 돈을 사랑하는 데서 나오는 것임을 알게 된다. 돈을 사랑하는 사람은 음란한 행동을 하게 마련이며 아울러 거짓을 말하게 되고 남을 해하는 행동을 하게 된다. 왜냐하면 모든 마음의 욕심, 곧 물욕, 성욕, 명예욕, 생존욕 등이 서로 연결되어 있기 때문이다. 마음의 욕심이 문제다. 마음의 욕심이 죄를 야기하는 것이다. 마음을 통제하지 못하면 죄를 이길 수 없다. 박경리의 '마음'이라는 제목의 시가 있다. 박경리는 이 시에서 마음의 중요성을 설파하였다.

마음 바르게 서면
세상이 다 보인다
빨아서 풀먹인 모시 적삼같이
사물이 싱그럽다

마음이 욕망으로 일그러졌을 때
진실은 눈멀고
해와 달이 없는 벌판
세상은 캄캄해질 것이다

먹어도 먹어도 배가 고픈 욕망
무간지옥이 따로 있는가

권세와 명리와 재물을 좇는 자
세상은 그래서 피비린내가 난다

우리의 행동이 선하려면 먼저 마음을 잘 훈련시킬 필요가 있다. 선한 마음에서 선한 행동이 비롯된다. 마음이 근본이며 마음이 우선이라는 말이다. 예수 그리스도께서는 복음을 전하시는 중, 특히 바리새인의 외식을 비판하셨다.

"화 있을진저 외식하는 서기관들과 바리새인들이여, 잔과 대접의 겉은 깨끗이 하되 그 안에는 탐욕과 방탕으로 가득하게 하는도다. 눈 먼 바리새인이여, 너는 먼저 안을 깨끗이 하라. 그리하면 겉도 깨끗하리라. 화 있을진저 외식하는 서기관들과 바리새인들이여, 회칠한 무덤 같으니 겉으로는 아름답게 보이나 그 안에는 죽은 사람의 뼈와 모든 더러운 것이 가득하도다."(마 23:25-27)

이 본문은 바리새인의 외식을 비판하고 있다. 바리새인들은 겉의 행동은 깨끗한 것 같으나, 속마음은 더러운 탐욕으로 가득하였다. 마음의 탐욕이 문제라는 것이다. 예수께서는 그들을 일컬어 회칠한 무덤과 같다고 비판하신다. 겉은 페인트로 잘 칠하여 번지르르 하나, 속은 온갖 부패로 더러운 것이 가득하다고 하셨던 것이다.

우리는 네 가지 유형으로 사람들의 모습을 분류할 수 있다. 속마음도 깨끗하고 겉의 행동도 깨끗한 사람, 속마음은 깨끗하지만 겉의 행동은 더러운 사람, 속마음과 겉의 행동이 모두 더러운 사람, 속마음은 더러운데 겉보기의 행동만 깨끗한 사람 등 네 가지이다. 그리스도께서는 이런 네 가지 유형 중, 네 번째 것을 바리새인의 유형으로 생각하시며 가장 경계하셨던 것이다. 속마음이 더러우면서 겉의 행동을 깨끗한 것같이 하면 헷갈리게 된다. 그러한 사람들을 우리는 이중인격자라고 부른다. 이와 같이 예수께서는 외식을 강하게 비판하신다. 외식이란 마음에 진실이 따르지 않는 외적인 가식된 행동으로서, 진정한 마음에서 비롯되지 않은 행동을 말한다. 자신의 부끄러운 마음을 외양의 행동으로 숨길 수 있다고 생각해서는 안 된다. 마음에 문제가 있는 사람들은 율법적인 행동으로 자신의 더러운 마음을 위장하려 하지만, 하나님께서는 우리의 속마음을 감찰하는 분이시다. 예수 그리스도께서는 바리새인의 외식을 경계하셨다. 겉으로는 하나님을 섬기나 마음에선 하나님과 거리가 먼 자들이라는 것이다.

예수께서는 우리가 선행을 할 때에도 드러내 놓고 그 일을 하지 말고 은밀함 가운데 선을 행하라고 말씀하셨다. 먼저 구제의 행동에 대해 언급하시며 "그러므로 구제할 때에 외식하는 자가 사람에게서 영광을 받으려고 회당과 거리에서 하는 것 같이 너희 앞에 나팔을 불지 말라. 진실로 너희에게 이르노니 그들은 자기 상을 이미 받았느니라. 너는 구제할 때에 오른손이 하는 것을 왼손이 모르게 하여, 네 구제함을 은밀하게 하라. 은밀한 중에 보시는 너의 아버지께서 갚으시리라."

(마 6:2-4)라고 하셨다. 구제를 남이 알게 하지 말라는 것이다. 드러내 놓고 하는 선행은 일종의 외식으로서, 오히려 은밀한 구제의 행동을 하나님께서는 기뻐하시는 것이다.

기도할 때도 마찬가지다.

"또 너희는 기도할 때에 외식하는 자와 같이 하지 말라. 그들은 사람에게 보이려고 회당과 큰 거리 어귀에 서서 기도하기를 좋아하느니라. 내가 진실로 너희에게 이르노니 그들은 자기 상을 이미 받았느니라. 너는 기도할 때에 네 골방에 들어가 문을 닫고 은밀한 중에 계신 네 아버지께 기도하라. 은밀한 중에 보시는 네 아버지께서 갚으시리라. 또 기도할 때에 이방인과 같이 중언부언하지 말라. 그들은 말을 많이 하여야 들으실 줄 생각하느니라."(마 6:5-7)

남에게 보이기 위해 기도하지 말고 조용히 골방에서 기도하라는 것이다. 하나님은 우리의 마음을 읽으시는 분으로, 떠들고 요란하게 기도한다고 더 잘 들으시는 것이 아님을 말하는 것이다.

예수께서는 마지막으로 금식에 대해서 말하시며 그것이 외식된 행동이 되지 않도록 은밀히 행할 것을 강조하셨다.

"금식할 때에 너희는 외식하는 자들과 같이 슬픈 기색을 보이지 말라. 그들은 금식하는 것을 사람에게 보이려고 얼굴을 흉하게 하느니라. 내

가 진실로 너희에게 이르노니 그들은 자기 상을 이미 받았느니라. 너는
금식할 때에 머리에 기름을 바르고 얼굴을 씻으라. 이는 금식하는 자로
사람에게 보이지 않고 오직 은밀한 중에 계신 네 아버지께 보이게 하려
함이라. 은밀한 중에 보시는 네 아버지께서 갚으시리라."(마 6:16-18)

겉보기의 행동이 중요한 것이 아니라, 속마음의 씀씀이가 중요함을
설명하는 말씀들이다. 서로 서로 선행을 경쟁하다 보니 자신의 잘못은
눈에 안 들어오고 남의 잘못만 강하게 비난하는 사회가 된 것 같다.

"비판을 받지 아니하려거든 비판하지 말라. 너희가 비판하는 그 비판으
로 너희가 비판을 받을 것이요, 너희가 헤아리는 그 헤아림으로 너희가
헤아림을 받을 것이니라. 어찌하여 형제의 눈 속에 있는 티는 보고 네 눈
속에 있는 들보는 깨닫지 못하느냐. 보라 네 눈 속에 들보가 있는데 어찌
하여 형제에게 말하기를 나로 네 눈 속에 있는 티를 빼게 하라 하겠느냐.
외식하는 자여, 먼저 네 눈 속에서 들보를 빼어라. 그 후에야 밝히 보고
형제의 눈 속에서 티를 빼리라."(마 7:1-4)

하나님의 계명은 우리로 하여금 그것을 통해 남을 비판하라고 주어
진 것이 아니다. 오히려 우리가 먼저 그 계명을 준행하여 지키는 것이
중요함에도, 우리는 그것을 자기를 반성하는 잣대로는 삼지 못하고,
남을 비난하는 잣대로만 사용하게 되는 것 같다. 그렇게 자신의 잘못

을 보지 못하고 남의 잘못만 비판하는 태도도 일종의 외식으로서, 그리스도께서는 바리새인의 그러한 태도를 비판하셨던 것이다.

속마음의 치장이 먼저이고 우선임에도, 우리는 그에는 아랑곳 않고 겉보기의 행동을 치장하고 드러내는 데에 열중하는 외식의 행위를 하기 쉽다. 오늘 우리 사회와 교회에는 이런 외식과 외양 위주의 문화가 판치고 있다. 포장 위주의 사회. 곳곳의 성형외과가 오늘 우리의 이런 세태를 잘 반영한다. 하지만 우리의 더 본질적인 부분은 외양이 아니라, 우리의 속마음이라는 것을 알 필요가 있다. 얼굴을 예쁘게 바꾸는 것보다 더 중요한 것은 우리의 속마음을 예쁘게 단장하는 것임을 인식할 필요가 있다는 것이다.

속마음을 단장하는 방법

그러면 어떻게 바른 마음을 가질 수 있을까 질문하게 된다. 성경은 그리스도의 십자가에 우리의 욕심을 매달며 성령을 충만히 받음으로써 우리의 마음 바탕을 바로잡을 수 있다고 언급한다. 갈라디아서 5장 22-25절의 말씀은 다음과 같다.

"오직 성령의 열매는 사랑과 희락과 화평과 오래 참음과 자비와 양선과 충성과 온유와 절제니 이 같은 것을 금지할 법이 없느니라. 그리스도 예수의 사람들은 육체와 함께 그 정욕과 탐심을 십자가에 못 박았느니라.

만일 우리가 성령으로 살면 또한 성령으로 행할지니."

이와 같이 예수 그리스도의 십자가만이 우리 마음의 더러운 욕심을 극복하게 할 수 있다. 성령으로 마음이 변화되어야 참 행동에 이를 수 있다는 것이다.

아울러 위의 본문은 건강한 마음을 재는 지표에 대해 설명한다. 우리의 육체적 건강을 재는 지표들이 있다. 혈압, 당뇨수치, 콜레스테롤 수치, 간 수치, 적혈구 수치 등이다. 이러한 수치들을 측정하여 우리는 우리의 육체 건강을 진단하게 된다. 위의 본문은 우리 마음의 건강을 재는 지표에 대해 설명한다. 사랑, 화평, 희락, 오래 참음, 자비, 양성, 충성, 온유, 절제라는 것이다. 성령의 9가지 열매는 이와 같은 마음의 건강을 재는 척도이다.

마음에 사랑이 없다면 그 마음은 병든 마음이 된다. 그런 사람에겐 마음의 평안함이 사라지고 불안이 들어서게 된다. 마음의 희락 곧 기쁨이 사라지게 되면 우리의 마음은 우울증을 갖게 되는 것이다. 오래 참지 못하는 것도 마음에 커다란 문제가 된다. 참지 못하여 화를 폭발하는 것은 우리의 마음이 건강하지 못하다는 증거이다. 마음이 병든 사람은 남을 불쌍히 여기지 못하게 된다. 마음에 선함이 사라지고 악에 받쳐 모든 일을 처리하게 되는 것이다. 마음이 병든 사람은 충성심도 없다. 항상 요령이나 부리고 이 핑계 저 핑계를 대며 게으른 삶을 살게 될 것이다. 마음이 병들면 온유한 마음이 사라지고 광폭한 마음이 자리 잡게 된다. 또한 절제하지 못하는 삶을 사는 것도 마음의 병증 중 하나이다. 이상과 같이 성령의 9가지 열매는 우리에게 마음과 성격의 문제를 거론한다. 마음이 변화되려면 이 같은 성령의 감동이 있어야 한다는 것이다.

빌립보서 2장 5절은 "너희 안에 이 마음을 품으라. 곧 그리스도 예수의 마음이니"라고 말한다. 그리스도의 행위만 바라보지 말고, 그 행적 배후에 있는 그리스도의 마음을 읽는 성도가 되어야 한다는 말씀이다. 주님의 마음을 살핌으로써 우리는 주님의 마음을 본받는 자가 될 수 있다. 주님의 마음에 채널을 맞춰 그러한 마음으로 살고자 노력하는 성도가 되어야 한다. 죽은 나사로를 살리시며 마음 아파하신 그리스도의 마음을 닮을 필요가 있다. 벳세다 광야의 오병이어 사건을 통해 군중을 불쌍히 여기신 그리스도의 마음을 우리는 헤아리게 된다. 십자가를 지시며 자신이 하는 일을 알지 못해 그렇다며 백성들을 용서하신 관용의 마음을 바라보아야 한다. 하늘 보좌를 버리시고 이 땅에 내려오셔서 우리와 함께하신 겸비의 마음이 주님 안에 있다. 이와 같이 주님의 마음에 초점을 맞추어 생활하면 우리에게 성령이 역사할 것이다. 주님의 행동을 닮기에 앞서 먼저 주님의 마음을 닮으려고 하여야 한다고 생각한다. 그의 마음을 닮으려는 자의 마음에 주님의 축복이 넘칠 것이다.

찬송가 455장의 가사를 음미할 수 있다.

"주님의 마음을 본받는 자 그 맘에 평강이 찾아옴은 험악한 세상을 이길 힘이 하늘로부터 임함이로다. 주님의 마음 본받아 살면서 그 거룩하심 나도 이루리."

주님의 마음을 본받는 것이 평강과 승리의 길임을 이 가사는 강조한다. 주님의 마음을 본받으려는 노력과 성령의 감화를 통해 우리의 그릇된 정서와 성격이 변화받을 수 있다고 생각한다. 그리스도와 성령만이 우리의 근본 마음을 바꿀 수 있다. 아래 김기남의 시, '아름다운 사람이 되고 싶다'를 소개한다.

아름다운 사람이 되고 싶다
어느 누구의 가슴 앞에서라도
바람 같은 웃음을 띄울 수 있는
향기로운 사람이 되고 싶다

헤어짐을 주는 사람보다는
손 내밀면 닿을 수 있는 곳에서
늘 들꽃 같은 향기로 다가오는
그런 편안한 이름이 되고 싶다

제일 먼저 봄소식을 편지로 띄워 주고

제일 먼저 첫눈이 내린다고
문득 전화해서 반가운 사람
은은한 침묵의 사랑으로 서성이며
나도 몰래 내 마음을 가져가는 사람
아무리 멀어도
갑자기 보고 싶었디며 달려오는 사람

나도 누군가의 가슴에서 그렇게
지워지지 않는 하나의 이름이고 싶다

두 번째 문, 마음의 문 열기

　하나님 전의 두 번째 문은 마음의 문이다. 우리는 이 문을 열어 하나님의 존전으로 나아가게 된다. 필자는 이 장에서 우리가 소유하고 있는 정서라는 부분이 우리의 행복과 삶에서 얼마나 중요한지를 설명하였다. 정서가 바로서지 않고는 하나님의 말씀을 지킬 수가 없으며, 하나님 앞으로 나아갈 수 없다. 예레미야 24장 7절에는 "내가 여호와인 줄 아는 마음을 그들에게 주어, 그들로 온 마음을 다해 내게 돌아오게 하겠다."라는 말씀이 있다. 우리의 마음은 전파탐지기와 같다. 하나님은 우리에게 그의 전파를 보내시며, 우리 마음의 전파탐지기로 우리는 하나님께서 계신 곳을 향하게 된다. 정서가 무뎌진 사람은 더듬

이를 잃은 곤충과 같이 주님이 계신 곳을 탐지하지 못하게 된다.

마태복음 15장 8절의 말씀이다. "입술론 나를 존경하지만 마음은 내게서 멀다." 이 본문에서와 같이 하나님께서는 우리의 입술의 고백보다 마음으로의 사랑을 원하시는 분이다.

"하나님께서 구하시는 제사는 상한 심령이라. 하나님이여 상하고 통회하는 마음을 주께서 멸시하지 아니하시리이다."(시 15:17)

하나님께서 진정으로 기뻐하시는 제사는 제물을 드리는 제사가 아니며, 우리의 마음을 드리는 제사임을 이 본문은 설명한다. 하나님 앞에 나아가는 자는 먼저 마음을 잘 정돈할 필요가 있다. 마음이 세상 일로 번잡하면 하나님을 향해 온전히 나아갈 수 없다. 제물을 주님 앞에 바치기보다 우리의 상한 마음을 주님께 드리는 것이 더 중요하다.

우리는 예배 중 마음이 새롭게 되어 주님을 향해 나아가게 된다. 특히 예배 중의 찬양은 우리의 정서적인 면과 깊은 연관을 갖는 것으로, 찬양을 하며 마음의 문을 열게 되는 것이다. 마음과 정서가 건강하지 않고는 하나님을 사랑할 수도 없으며 이웃도 사랑할 수 없다. 이에 우리는 예배 시뿐만 아니라 평상시 활동에서도 정서를 순화하기 위한 노력을 하여야 한다. 악기를 배우는 것, 미술을 감상하는 것, 자연과 교감을 나누는 것 등 여러 행위들을 통해 우리는 우리의 정서를 순화할 수 있다. 한국의 학교교육은 정의지체의 전인교육을 포기하고 지적인 교육에만 전념하고 있어 바른 인간으로 성장시키는 데 어려움을 갖는다. 정서를 중심으로 한 인성교육의 기초를 놓아 우리의 학교교육을 정상화하는 것이 국가의 앞날을 위해 중요함을 말하고 싶다. 지금의 학교교육 체제로는 정신병자들을 양산하여 우울증과 자살에 대한 충동이 깊어져 폭력이 난무한 사회가 되는 것을 막기 어렵다는 것을 깨달아야 할 것이다.

 이해를 위한 질문들

1. 구약의 율법이 우리를 구원하지 못한 이유는 무엇일까요?

2. 마음의 변화를 위해 성령께서 어떤 역할을 할 수 있는지 생각해봅시다.

3. 바리새인의 외식의 문제점은 무엇인지 이야기해봅시다.

The Seven Gates of God's Sanctuary

The Seven Gates of God's Sanctuary

요한복음 8장 14-18절
"예수께서 대답하여 이르시되
내가 나를 위하여 증언하여도 내 증언이 참되니 나는 내가 어디서 오며 어디로 가는 것을 알거니와
너희는 내가 어디서 오며 어디로 가는 것을 알지 못하느니라.
너희는 육체를 따라 판단하나 나는 아무도 판단하지 아니하노라.
만일 내가 판단하여도 내 판단이 참되니 이는 내가 혼자 있는 것이 아니요,
나를 보내신 이가 나와 함께 계심이라.
너희 율법에도 두 사람의 증언이 참되다 기록되었으니,
내가 나를 위하여 증언하는 자가 되고 나를 보내신 아버지도 나를 위하여 증언하시느니라."

세 번째 문

의지의 문
하나님을 믿다

모세에게 주신 하나님의 이적 표징

출애굽기 4장에서 하나님께서는 모세를 부르시고 있다. 하나님의 부르심에 모세는 회의적이었다. 그의 나이 이미 80세이며 신념도 많이 약해져 그런 엄청난 일을 할 수 없다는 것이다. 출애굽기 4장 1절에서 모세는 하나님께 다음과 같이 사명 회피의 말을 한다.

"모세가 대답하여 이르되 그러나 그들이 나를 믿지 아니하며 내 말을 듣지 아니하고 이르기를 여호와께서 네게 나타나지 아니하셨다 하리이다."

모세는 세 가지 이유를 들어 사명을 회피하고 있다. 먼저는 본문 중의 '그들' 안에 있는 난관이다. 그들이 나를 믿지 않을 것이라는 것이다. 이런 그들 안에 있는 난관을 우리는 보통 사회적 난관으로 부른다. 나는 하려고 하여도 그들이 나를 믿어주지 않을 것이라는 말이다.

다음의 난관은 '나를' 이라는 말에 있는 난관이다. 나 안에 있는 심리적 난관이다. 그들이 '나를' 믿어주지 않을 것이라는 것으로, 자기 스스로의 신념에 대한 문제이기도 하다. 모든 일에 회의적이며 신념이 없었던 사람은 바로 모세 자신이었다. 남으로 하여금 믿게 만드는 것도 어려운 일이지만, 나에 대한 자신감과 확신을 갖는 것 또한 쉽지 않음을 모세는 잘 알고 있었다. 모세는 40년간의 광야생활로 자신감을 많이 잃었을 것임에 틀림없다. 하나님의 부르심에 응답하여야 하겠지만 모세는 스스로에 자신이 없었던 것이다.

모세는 사명 회피를 위한 세 번째 핑계를 4장 10절에서 이렇게 댄다.

"주여 나는 본래 말에 능하지 못한 자라. 주께서 주의 종에게 명하신 후에도 그러하니."

능력이 되지 않는다는 말이다. 모세는 자신의 한계와 무능력에 대해 구체적으로 말하면서, 그 일에 적합하지 않음을 주장하였다. 모세는 두 분의 어머니 사이를 오가며 양육되는 과정에서 언어교육에 어려움이 있었던 것 같다.

모세가 가진 세 가지 난관, 곧 사회적 난관, 심리적 난관, 그리고 실제적 능력의 한계에서 오는 난관을 말하며 그는 사명을 회피하였다. 4장 13절은 다음과 같은 모세의 말을 전한다.

"모세가 가로되 주여 보낼 만한 자를 보내소서."

모세는 자신을 보낼 만한 자가 아니라고 칭하고 있다. 감이 안 된다는 말이다. 그는 자신이 그 일에 적합한 자가 아니므로 딴 사람을 알아보라고 하나님께 말하였다.

하나님은 사명을 회피하는 모세를 확신시키기 위해 몇 가지의 표징

곧 증거를 보여주셨다. 백성들이 모세의 말을 믿을 수 있는 확실한 표징과 증거를 그에게 주셨던 것이다. 하나님께서 백성들과 모세를 향해 주신 믿음의 증거는 크게 세 가지였다. 이러한 증거를 통해 모세와 백성들은 굳건한 믿음을 갖게 될 수 있었을 것이다.

먼저 주신 표징(sign)은 '지팡이 표징'이다. 여기서 '표징'이란 히브리어로 '오트' 로서 수학공식에 대한 증명과 같은 것이다. 수학공식이 참인지 거짓인지 판정하려면 그 공식을 증명하는 절차를 거쳐야 한다. 이에 따라 그 공식이 증명되면 참이 되고 그렇지 않을 경우 거짓이 되는 것과 같이, 하나님의 말씀이 참임을 우리는 이러한 표징들을 통해 믿게 된다는 것이다.

2절에서 하나님은 모세에게 다음의 질문을 하신다. "손에 있는 것이 무엇이냐?"는 질문이다. 그가 소유하고 있는 것에 대한 질문이다. 모세의 손엔 그가 의지하고 사는 그의 분신과 같은 지팡이가 있었다. 그 지팡이는 80세의 노인에게 힘이 되는 지팡이였다. 가파른 언덕을 오를 때 의지하는 지팡이였고, 뱀을 비롯해 동물이 달려들 때 쫓을 수 있는 지팡이였다. 하나님은 그 지팡이를 땅으로 던지라고 하셨다. 모세의 손에서 일탈된 지팡이는 곧 뱀이 되었다. 여기서 뱀이란 사탄을 상징한다. 권력과 명예와 재산과 힘이 신자의 손에 있을 때에는 모두에게 유익한 것이 되지만, 믿음을 가진 자의 손에서 일탈된 순간 악마화할 수 있음을 본문은 말한다. 모세는 이렇게 악마화하여 주변을 해치게 되는 뱀의 꼬리를 잡음으로써 그것의 해악을 막을 수 있었다. 믿음을 가진 자가 사탄의 궤계를 물리칠 수 있으며 사탄의 파괴적인 힘을 막아낼 수 있다. 신자에 의해 귀신이 달아나고 사탄이 기를 못 쓰게 된다.

마가복음 16장 15-18절에는 "또 가라사대 너희가 온 천하에 다니며 만민에게 복음을 전파하라. 믿고 세례 받는 사람은 구원을 얻을 것이요 믿지 않는 사람은 정죄를 받으리라. 믿는 자들에게는 이런 표적이 따르리니 곧 그들이 내 이름으로 귀신을 쫓아내며 새 방언을 말하며, 뱀을 집어올리며 무슨 독을 마실지라도 해를 받지 아니하며 병든 사람에게 손을 얹은즉 나으리라."라는 말씀이 있다. 여기서 '표적'이란 헬라어로 '세메이온'으로서 출애굽기에 나오는 '표징'(sign)이란 말과 같은 의미다. 특히 본문은 믿는 사람이 가질 수 있는 표적 중 하나로 뱀을 집는 것을 말하고 있다. 사탄을 쥘 것이라는 표현이다.

모세가 잡은 뱀은 코브라였을 것으로 추정되는데, 코브라는 이집트의 신을 상징하는 것이었다. 이에 코브라를 제어한다는 것은 이집트의 신과 힘을 제어한다는 말과 같은 것이다. 하나님은 모세에게 확실한 표징을 주시며 이집트의 힘이 아무리 대단하다 할지라도 그가 그것을 이길 수 있음을 보여주셨다.

다음으로 6절은 두 번째로 '문둥병 표징'을 말하고 있다. 모세의 몸을 치신 것이다. 병에 걸림과 병의 치유로서의 증거이다. 하나님께서는 우리에게 병의 고통과 그로부터의 치유를 통한 표징을 주기도 하신다. 한국의 많은 신자들이 어려운 병에서 하나님의 치유의 능력을 경험하기도 했다. 그러한 하나님의 병 치유에 대한 기적은 모두에게 확실한 표징이 되는 것이다.

이스라엘 백성에게 문둥병은 부정함의 상징이었다. 문둥병에 걸린 사람은 부정하다고 지목되어 동네에서 추방, 격리되었던 것이다. 하나님은 부정한 자를 거룩한 자로 부르신다. 모세는 문둥병의 부정함으로부터 치유되어, 시내산에서 하나님의 거룩함을 맛보게 된다. 부정함이 거룩함으로 이어지고 있는 것이다.

하나님께서는 모세에게 이 두 번째 표징을 주시며 다음의 말씀을 하셨다.

"그 처음의 표징을 믿지 아니 하여도 그 둘째 이적의 표징은 믿으리라."
(8절)

하나님은 우리들에게 한 번의 증거만을 주시는 것이 아니다. 우리들이 믿지 않을 여지를 참작하여 중복되는 증거를 주신다. 오늘 우리에겐 하나님의 이 같은 여러 겹의 증거가 주어져 있다. 누구도 그의 증거를 피할 수 없도록, 하나님께서는 믿음을 위한 확실한 증거를 반복해서 주시는 것이다. 주님이 우리에게 주시는 증거는 이해하기 어려운 증거가 아니며, 누구나 분명히 이해할 수 있는 확실한 표징이며 증거이다.

마지막 세 번째 표징은 '강물이 피로 변하는 표징'이다. 하나님께서는 세 번째로 모세에게 이집트 백성들에게 미칠 재앙 중의 하나를 표징으로 보여주셨다. 이 표징에선 그가 든 그릇 속의 강물이 피로 변하였지만, 7장에선 이집트의 모든 강물이 피로 변하는 재앙이 되고 있다. 나일강은 당시의 이집트인들에게 신과 같이 숭배되었던 대상이었다. 그러므로 나일강 물이 먹지 못하는 물로 변하게 되었다는 것은 이집트의 신을 파괴할 수 있는 강력한 재앙의 힘을 그의 손에 주셨다는 뜻이 된다. 신자는 하나님으로부터 비롯되는 심판의 재앙을 그 손에 가지고 있다. 주님의 말씀을 거역하는 패역한 백성에게 내릴 심판의 재앙을 전달하는 능력은 하나님께서 그와 함께하신다는 큰 증거가 되기에 분명하다.

9절에 이런 말씀이 있다.

"이 두 이적을 믿지 아니하며 네 말을 듣지 아니하거든 너는 하수를 조금 취하여다가……."

하나님은 만약을 위해 세 번째 표징을 그들에게 주신 것이다. 물론 두 번째 표징 정도로 모든 사람이 하나님의 역사 개입을 믿을 것이지만, 더 확실하게 하기 위해 하나님께서는 세 번째 표징을 모세에게 더하여 주셨던 것이다.

하나님께서는 오늘도 우리에게 자신의 확실한 증거와 표징을 보여 주신다. 모세는 이 같은 세 가지 표징을 갖고 이스라엘 백성들 앞에 나아갈 수 있었다. 사탄의 세력과 귀신을 이기는 힘, 병과 저주로부터의 해방, 그의 손에 쥐여진 심판의 재앙 안에 있는 증거들을 가지고, 모세는 담대히 백성 앞에서 주님을 증언하였던 것이다.

우리 인생엔 하나님께서 우리에게 주셨던 표징들이 징검다리같이 놓여 있다. 어떤 사람은 주님께서 그의 병을 치유한 표징을 갖고 있다. 어려운 경제적 고통을 해결하여 주신 하나님의 손길을 경험한 사람도 있다. 갑자기 변화된 주변 환경에 의해 삶이 아름답게 변한 사람도 있다. 모두가 다 주님이 주신 믿음의 표징들이다. 주님은 우리들에게 확실한 증거를 이미 주셨다. 모세가 그 증거를 붙잡고 민족을 구원한 것처럼, 우리도 우리 삶에 각인된 주님의 흔적들을 확실히 붙잡고 믿음의 삶을 살아야 할 것이다.

증거의 책, 요한복음

하나님께서는 믿음을 위한 확실한 증거를 우리에게 주신다. 구약에서 모세에게 하나님께서는 부인할 수 없는 증거로서의 표징을 주셨으며, 신약의 요한복음은 믿음을 위한 더욱 확실한 증거를 제시하고 있다. 요한복음은 믿음을 위한 증거를 말하며, 신명기 19장 5절의 말씀을 언급한다.

"사람의 모든 악에 관하여 또한 모든 죄에 관하여는 한 증인으로만 정할 것이 아니요, 두 증인의 입으로나 또는 세 증인의 입으로 그 사건을 확정할 것이며."

이 본문은 어느 증언이나 그 증거가 참되기 위해서는 두 세 증인의 증언이 있어야 함을 말한다. 한 증인의 증거만으로는 충분한 증거가 되기에 부족하다는 말씀이다.

이에 요한복음은 우리에게 확실한 증거를 위해 두 가지 증거를 제시한다.

"예수께서 대답하여 이르시되 내가 나를 위하여 증언하여도 내 증언이 참되니 나는 내가 어디서 오며 어디로 가는 것을 알거니와 너희는 내가 어디서 오며 어디로 가는 것을 알지 못하느니라. 너희는 육체를 따라 판단하나 나는 아무도 판단하지 아니하노라. 만일 내가 판단하여도 내 판단이 참되니 이는 내가 혼자 있는 것이 아니요, 나를 보내신 이가 나와 함께 계심이라. 너희 율법에도 두 사람의 증언이 참되다 기록되었으니, 내가 나를 위하여 증언하는 자가 되고 나를 보내신 아버지도 나를 위하여 증언하시느니라."(요 8:14-18)

이 본문에는 두 가지 증거가 나온다. 먼저는 그리스도가 자기 자신에 대해서 하는 증거이며, 두 번째로는 하나님께서 그리스도에 대해서 하시는 증거이다. 참된 믿음에 이르기 위해서는 두 가지의 증거가 요청되는데 하나는 그리스도의 말씀을 통한 증거이며, 다른 하나는 성령을 통해 하시는 하나님의 직접적인 증거라는 것이다.

이러한 두 가지 증거를 언급하면서, 요한복음은 12장까지의 전반부에서는 말씀에 의한 증거를, 그 나머지 후반부에서는 성령에 의한 증거를 설명한다. 1-12장의 앞부분은 보통 표적의 책(the book of sign)으로 불린다. 요한복음에는 총 7개의 표적기사가 나타나는데 그 모두가 이 전반부에 포함되어 있다. 다음으로 13-21장은 영광의 책(the book of glory)으로 언급된다. 특히 18-21장에서는 그리스도의 고난과 부활에 대한 묘사가 나타난다. 12장까지의 전반부에서의 중심되는 사건은 그리스도의 성육신이며, 후반부의 중심적 사건은 부활이다. 성육신을 통하여 영적인 것이 육으로서의 몸을 입는다. 부활 사건에서는 육신이 되신 그리스도께서 다시 하나님의 품으로 돌아가는 것이 강조된다. 비하와 승귀, 또한 육적인 존재가 되었다가 다시 하늘의 존재로 귀환하는 것이 요한복음에 서술되어 있다.

이상과 같이 요한복음의 전반부에서는 역사적 예수의 증거(witness)가 강조되는 반면, 후반부에서는 보혜사 성령의 위치가 부각된다. 요한복음은 인간이 믿음을 갖기 위해 두 가지가 중요함을 말한다. 먼저는 역사적 예수의 증거이며, 다음은 성령을 통한 증거이다. 예수 그리스도에 의한 말씀의 증거가 객관적이며 외적인 증거라면, 성령을 통한 증거는 주관적이며 내적인 증거라 할 수 있다. 우리는 어떻게 믿음의 증거를 가질 수 있는가라는 질문에, 요한복음은 말씀과 성령이 그에 대한 확실한 증거가 됨을 말하고 있는 것이다.

요한복음에는 말씀과 성령에 의한 증거 외에 인간의 하나님에 대한 증거가 추가되어 모두 세 가지 증거가 표명되고 있다. 먼저는 예수 자신이 자신을 그리스도로 증거한다(요 8:18). 다음은 하나님 곧 성령께서 예수 그리스도를 증거하고 계신다(요 5:37, 15:26). 마지막으로 예수가 그리스도이심이 사람들의 말들을 통하여 증거된다(요 1:6-7, 15:27). 하지만 그리스도께서는 이 세 가지 증거 중 말씀과 성령의 내적 증거에 따른 두 가지의 증언만을 의미 있는 것으로 여기셨다. 그리스도께서는 사람들이 자기에 대해 하는 증거에 대해서는 회의적이셨던 것이다. 예수께서는 자신이 사람에게서 증거를 취하시지 않는다고 단정적으로 말씀하신다(요 5:34). 그는 사람들이 하는 증거의 신빙성을 의심하셨던 것이다. 요한복음 2장 23-25절에는 다음의 말씀이 나온다.

> "유월절에 예수께서 예루살렘에 계시니 많은 사람이 그의 행하시는 표적을 보고 그의 이름을 믿었으나, 예수는 그의 몸을 그들에게 의탁하지 아니하셨으니 이는 친히 모든 사람을 아심이요. 또 사람에 대하여 누구의 증언도 받으실 필요가 없었으니 이는 그가 친히 사람의 속에 있는 것을 아셨음이니라."

예수께서는 자신을 계시하는 데 사람의 증거적인 역할을 철저히 배제하셨던 것이다. 그리스도의 계시를 통해 하나님을 앎에 이르는 일에는 어떤 인간적인 조건도 요청되지 않는다. 하나님 인식에서 인간의 위치는 수동적일 수밖에 없다는 것이 요한복음의 견해다(요 8:47).

> "나를 보내신 아버지께서 이끌지 아니하면 아무라도 내게 올 수 없으니 그를 내가 마지막 날에 다시 살리리라."(요 6:44)

요한복음은 말씀과 성령에 의한 두 가지 증거만으로도 우리가 하나님을 믿게 되는 데에 충분한 증거가 됨을 말한다. 우리는 다른 증거를 통해 하나님을 알게 되는 것이 아니며, 오직 성령의 조명하심에 따라 성경 말씀을 읽는 것에서 믿음이 생기게 된다는 것이다. 우리가 남에게 복음을 전하는 방법도 이에 근거한다. 그들에게 먼저 말씀을 전하며 그들이 성령의 조명을 받도록 하는 것이 교회 밖의 사람들이 믿음을 갖게 하는 방법이라는 것이다.

요한복음의 전반부 : 증거와 표적의 책

요한복음의 전반부 12장까지에선 말씀에 의한 증거가 설명되는데, 이에 부가하여 행함의 표적이 추가로 언급되고 있다. 증거는 언어적(word) 사건인 반면 표적은 그리스도의 행함(work)의 사건이다. 증언이란 자신이 보고 들은 것으로, 실제 일어난 일을 다른 사람들에게 사실 그대로 전하는 것을 의미한다. 예수께서 진리를 증거하였으나, 사람들은 그의 말을 받지 못하였다고 요한복음 3장 11절과 32절은 말한다. 예수 그리스도께서 자신에 대해 하신 증언의 내용에 대한 요약이 3장 16절에 언급되어 있다.

> "하나님이 세상을 이처럼 사랑하사 독생자를 주셨으니 이는 저를 믿는 자마다 멸망치 않고 영생을 얻게 하려 하심이니라."

예수 그리스도께서는 자신을 하나님의 독생하신 아들로 증언하였으며 그를 통해서 영생을 얻게 됨을 말하셨다. 그러나 사람들은 그의 이 같은 말을 받지 않았다고 성경은 전한다.

예수 그리스도께서는 자신의 이러한 증언을 사람들로 하여금 믿게 하시기 위하여 부가적으로 표적을 행하셨음을 말씀하신다(요 14:11).

> "예수께서 이르시되 너희는 표적과 기사를 보지 못하면 도무지 믿지 아니하리라."(요 4:48)

예수께서는 말로 자신을 증언하셨으나 사람들은 그를 믿지 못하였으며, 이에 그 증거를 믿게 하시기 위하여 표적을 나타내 보이셨던 것이다. 예수께서는 표적을 행하신 다음 사람들에게 믿음을 요청하셨고, 또한 많은 사람이 그 표적을 보고 믿음의 길로 이르렀음을 요한복음은 말하고 있다.

예수께서는 자신의 증언을 듣고(hearing) 사람들이 자신의 말을 믿어 줄 것을 바랐으나, 그러한 기대는 거의 실현되지 못했다. 하지만 사람들은 예수의 표적을 보고는(seeing) 어느 정도 믿음의 길로 접어들게 되었다고 성경은 말한다. 그러나 예수 자신은 이적을 보고 믿는 것이 탐탁한 것으로 여기지 않았다(요 2:23-25).

예수께서는 여러 가지의 표적을 행하셨는데 그 표적들 중 가장 결정적인 것은 나사로를 살리신 사건이었다. 요한복음 전반부의 절정이 되는 사건은 나사로를 다시 살리신 일인 반면, 요한복음 후반부의 중심은 예수 그리스도 자신의 부활 사건이다. 남을 살리셨을 뿐만 아니라 그 스스로 부활하심을 통하여 인류 구원에 대한 자신의 증언을 확증하셨던 것이다. 그러나 부활 후 요한복음이 마무리되면서 요한복음 기자는 다시 원칙적인 문제를 거론한다.

> "예수께서 이르시되 너는 나를 본 고로 믿느냐. 보지 못하고 믿는 자들은 복 되도다 하시니라."(요 20:29)

표적을 보고 믿는 신앙보다 보지 않고도 증거가 참인 줄 알고 믿는 신앙이 더 가치 있다는 말씀이다. 말씀이 역사적 현실 속에서의 성취됨을 보고 믿음을 갖게 되는 구약의 수준에서 더 전진하여, 예수 그리스도의 말씀 그 자체 안에 있는 성취 능력을 믿을 것을 요한복음은 요청한다. 곧 과거적인 행태의 믿음보다 미래적 성취에 대한 믿음의 중요성이 강조되는 것이다. 약속에 대한 과거의 성취에 대한 믿음에서, 종말적인 구원에 대한 현재적인 선취를 중시하는 믿음으로 발전하고 있는 것이다.

요한복음의 후반부 : 증거에 대한 믿음을 가능하게 하는 성령

예수 그리스도의 표적을 보고 어느 정도 그리스도를 하나님으로 믿는 사람도 있었으나, 예수께서는 그것의 신빙성을 상당히 의심하셨다 (요 2:23-25). 또한 표적의 책을 마무리하는 12장에서, 그리스도께서는 단적으로 자신의 표적을 통해 추구하셨던바의 일이 성공적이 아니었음을 언급하신다.

> "이렇게 많은 표적을 저희에게 행하셨으나 저를 믿지 아니하나……저희가 믿지 못한 것은 이 까닭이니 곧 이사야가 다시 일렀으되 저희 눈을 멀게 하시고 저희 마음을 완고하게 하셨으니 이는 저희로 하여금 눈으로 보고 마음으로 깨닫고 돌이켜 내게 고침을 받지 못하게 하려 함이니라."
> (요 12:37-40)

내면적인 마음의 고침이나 주관적인 시야의 회복이 있지 않고서는 하나님에 대한 바른 믿음에 다다르지 못한다는 것이다.

이러한 내면의 준비 문제를 해결하기 위해, 장차 성령께서 오시는 것임을 그리스도께서는 제자들에게 말씀하셨다. 곧 계시의 주관성으로서의 성령 임재가 계시의 객관성으로서의 그리스도 성육신과 함께 하여야만 바른 믿음에 이를 수 있다는 것이다.

"그러나 진리의 성령이 오시면 그가 너희를 모든 진리 가운데로 인도하시리니 그가 스스로 말하지 않고 오직 듣는 것을 말하며 장래 일을 너희에게 알리시리라."(요 16:13)

요한복음 기자는 성령이 오심으로써 두 가지 문제가 해결됨을 언급한다. 먼저는 사람들로 하여금 예수의 증언이 참됨을 믿게 하는 것이며, 다음으로는 미래의 종말적인 상황이 성령을 통해 미리 앞당겨져 있음을 말하고자 하였다. 이 같은 성령에 의한 하나님 인식의 문제는 요한복음 서두에 언급되어 있으며 요한복음 기자는 성령을 통하지 않은 믿음의 형성에 난관이 있을 것임을 이미 예견하였다.

"예수께서 대답하시되 진실로 진실로 네게 이르노니 사람이 물과 성령으로 나지 아니하면 하나님의 나라에 들어갈 수 없느니라."(요 3:5)

예수께서 제자를 떠남으로써 하나님 인식의 길이 사라지는 것이 아니며, 오히려 그것이 제자들에게 유익되는 일임을 그는 말씀하셨다.

"오직 너희에게 이 말을 이른 것은 너희로 그 때를 당하면 내가 너희에게 말한 이것을 기억나게 하려 함이요, 처음부터 이 말을 하지 아니한 것은 내가 너희와 함께 있었음이라. 지금 내가 나를 보내신 이에게로 가는데 너희 중에서 나더러 어디로 가는지 묻는 자가 없고 도리어 내가 이 말을 하므로 너희 마음에 근심이 가득하였도다. 그러나 내가 너희에게 실상을 말하노니 내가 떠나가는 것이 너희에게 유익이라. 내가 떠나가지 아니하면 보혜사가 너희에게 오시지 아니할 것이요, 가면 내가 그를 너희에게로 보내리라."(요 16:4-7)

예수께서는 부활하여 승천하심으로써 자신의 삶에 대한 기록과 생전에 하신 말씀에 대한 기록으로서의 성경이라는 텍스트가 남겨지게 되었는데 그 텍스트의 이해를 위해 필수적인 것이 성령임을 그리스도께서는 말씀하신 것이다. 그 텍스트의 저자가 가고 없는 상황에서의 텍스트 해석의 관건은 그 저자와 공동의 정신적 유대를 갖는 데에 있다. 저자와의 인격적인 유대 없이 글을 그냥 읽는 것과 그 글이 말하는 것을 마음으로 듣는 것에는 큰 차이가 있다. 어떤 글이 문자적 글로서 끝나지 않고 상황 가운데에서 말하는 사건으로 되려면 저자의 정신을 마음에 담는 것이 필요하다.

예수께서는 자신이 떠나므로 성령이 오심을 말함과 동시에 그 성령은 자신에 의해 보내심을 받은 분임을 강조하였다. 성령은 예수 그리스도와는 다른 구별되는 분이며, 또한 그와 연속적인 관계를 가지는 그런 분이시다. 예수께서는 성령이 자신의 영임을 언급하고 계신다.

"내가 너희를 고아와 같이 버려두지 아니하고 너희에게로 오리라."(요 14:18)

곧 성령이 오심을 또 다른 자신이 오는 것으로 간주하라는 것이다. 그리스도께서는 부활하신 후에 제자들에게 나타나 저희를 향해 숨을 내쉬며 가라사대 성령을 받으라고 말씀하셨다(요 20:22). 그를 통하여 성령이 나가는 것임을 표징적으로 나타내신 것이다. 예수께서는 성령의 담지자이시며 그 성령을 보내신 분이시다. 16장 14절에는 "그가 내 영광을 나타내리니 내 것을 가지고 너희에게 알리시겠음이라."라고 쓰여 있다. 성령은 예수의 것을 가지시고 그것을 사람들에게 전달하는 분이라는 것이다.

이와 같이 요한복음은 예수와 성령 사이의 긴밀한 연관관계를 말한다. 칼빈은 말씀을 이해하려면 성령을 받아야 하며, 또한 성경의 증언 이외의 어떤 곳에서도 성령을 기대할 수 있는 곳은 없다고 하였다. 성령이 없는 말씀은 공허하며 말씀이 없는 성령은 맹목이다. 어떤 것이 인식되기 위해서는 체험만으론 부족하다. 그것이 인식되기 위해서는 언어적 표현으로 정제되어야 한다. 그러나 그러한 언어적인 서술이 삶의 체험과 분리되어 버린다면, 그러한 언어적 표현은 죽은 것이나 진배없다. 그러므로 예수께서는 이 세상에 말씀으로 오셔서 하나님에 대한 경험을 객관화하셨으며, 그 객관화된 언어적 사건에 생명력을 주기 위하여 성령을 사람들에게 부어주셨던 것이다.

예수 그리스도께서 세상을 떠나심으로 그의 말씀을 모은 성경의 텍스트가 그로부터 독립되어 객관화되었으며, 그 그리스도의 영인 성령이 말씀을 통해 독자들의 주관에 부어짐으로써 성경의 글이 하나의 현실성 있는 말로 들려지게 되었던 것이다. 성령은 텍스트상의 언어를 생생한 언어 사건으로 다시 경험케 한다.

"보혜사 곧 아버지께서 내 이름으로 보내실 성령 그가 너희에게 모든 것을 가르치시고 내가 너희에게 말한 모든 것을 생각나게 하시리라."
(요 14:26)

그 성령은 예수 그리스도의 말씀 사건을 오늘의 시점에서 우리에게 재현하시는 분이라는 것이다. 자기의 지나친 주관을 통하여 텍스트를 바라보는 것, 또한 텍스트를 받아들일 그릇으로서의 주관적인 준비가 없는 상태에서 텍스트를 읽는 것, 양자가 텍스트의 진정된 이해를 방해한다. 성령은 이러한 지나친 주관과 부족한 주관의 양자를 극복하는 분이시다. 성령은 텍스트를 인식주체를 향해 객관적으로 드러내시는 분이시며, 우리가 텍스트를 받아들일 수 있도록 주관적 능력을 주시는 분이시다.

말씀과 성령으로 말미암아 인간은 하나님이 제시하신 구원을 맛보게 된다. 하나님의 말씀이신 예수 그리스도께서 성육신하심으로 우리는 제삼의 매개체를 통하지 않고 하나님의 말씀을 직접 대할 수 있게 되었다. 또한 예수 그리스도의 사역에 뿌리내리고 있는 성령의 사역은 우리에게 더 밀착된 구원의 체험을 제공한다. 웨슬리는 구원의 주관성과 객관성에 대해 말한 바 있다. 우리는 예수 그리스도의 십자가의 공로를 통하여, 우리의 죄가 객관적으로 용서받는 의인(justfication)을 경험하게 된다. 그리고 성령의 역사 안에서 마음의 부패가 씻어지는 성화(sanctification)의 주관적 구원의 기쁨을 맛보게 되는 것이다. 말씀과 성령은 믿음의 바른 증거일 뿐 아니라 구원의 핵심도 된다는 것이다.

요한일서에서 언급된 세 가지 증거

요한일서 5장 7-12절은 다음과 같이 언급한다.

"증언하는 이가 셋이니, 성령과 물과 피라. 또한 이 셋은 합하여 하나이니라. 만일 우리가 사람들의 증언을 받을진대 하나님의 증거는 더욱 크도다. 하나님의 증거는 이것이니 그의 아들에 대하여 증언하신 것이니라. 하나님의 아들을 믿는 자는 자기 안에 증거가 있고 하나님을 믿지 아니하는 자는 하나님을 거짓말하는 자로 만드나니 이는 하나님께서 그 아들에 대하여 증언하신 증거를 믿지 아니하였음이라. 또 증거는 이것이니 하나님이 우리에게 영생을 주신 것과 이 생명이 그의 아들 안에 있는 그것이니라. 아들이 있는 자에게는 생명이 있고 하나님의 아들이 없는 자에게는 생명이 없느니라."(요일 5:7-12)

요한일서는 증거하는 이가 셋임을 말한다. 요한복음은 말씀과 성령에 의한 두 가지의 증거를 강조하는 데 비해 요한일서는 증거하는 것이 셋인데 성령과 물과 피라고 하고 있다. 여기서 성령이란 요한복음의 두 번째 증거인 성령의 증언과 일치한다. 문제는 물과 피인데 먼저 피라는 것은 성육신하신 그리스도의 몸을 가리킨다. 그리스도께서는 말씀이 육신이 되어 우리 가운데 계셨던 분이시다(요 1:14). 하나님의 말씀이 그리스도를 통해 우리 가운데 구체화되었다는 것이다. 이에 피의 증거는 그리스도의 말씀의 증거를 지적한다. 이제 우리는 요한일서의 성령과 피로서의 증언을 성령과 말씀으로서의 증언으로 간추리게 되었다. 문제는 물로서의 증거이다. 여기서 '물'이 의미하는 바가 무엇인지 고민이 된다. 물은 우리 기독교인에게 주어지는 세례와 연관된다. 우리는 물로 세례를 받으므로 여기서 물이란 교회의 예전으로서의 세례를 의미하는 것으로 볼 수 있겠다. 기독교의 전통 중 하나인 세례를 통해 우리는 그리스도가 주님이 되심을 증언 받는다는 것이다. 다시 요약하면 말씀과 성령과 교회의 전통이 우리 앞에 증거가 된다는 것이다.

교회의 전통이란 하나님의 말씀을 해석하는 전통을 말한다. 말씀을 오늘의 시대에 맞게 해석하는 일은 쉬운 일이 아니므로 이를 위해서

교회의 성경해석 전통을 배워야 한다는 것이다. 교회의 전승에 배어 있는 교회의 성경해석 전통들을 정리하여 우리는 그리스도의 증언들을 오늘의 시대에 맞게 해석하게 되는 것이다. 이러므로 우리는 교인들에게 세 가지 증언을 항상 상기시킬 필요가 있다. 먼저는 하나님의 말씀에 대한 가르침이다. 다음으로는 교회의 전승들을 익히게 하고 그러한 전승 가운데 있는 예전들을 통해 성경의 진리를 배우게 할 필요가 있다. 마지막으로 중요한 것은 그 성경의 말씀을 오늘 우리의 삶 가운데 적용시키는 성령의 능력이다. 이 같은 성령이 없다면 우리는 그 성경의 말씀을 오늘 우리의 삶의 현장 가운데로 끌고 들어갈 수 없을 것이다. 요한일서는 요한복음과 달리 교회의 전통에 의한 증거를 추가로 강조하였던 것이다.

교회의 신자들이나 신학대학에서 신학생들을 교육할 때, 중시해야 하는 세 가지 교육 내용이 있다. 먼저는 성경 말씀의 내용을 가르쳐야 한다는 것이다. 다음으로 교회의 성경해석 전통과 예전의 의미들을 가르치는 것이 중요하다. 마지막으로 성령 안에 거하는 훈련으로서의 영성 훈련이 요청된다. 이 세 가지는 모두 하나님의 하나님됨을 증거하는 것들로서, 이것들을 통해 우리는 하나님의 현존을 마음에 입증하여 믿음을 갖게 되는 것이다.

히브리서 12장 1절에 다음의 말씀이 나타난다.

"이러므로 우리에게 구름같이 둘러싼 허다한 증인들이 있으니 모든 무거운 것과 얽매이기 쉬운 죄를 벗어 버리고 인내로써 우리 앞에 당한 경주를 하며."

그 주님의 증거를 참된 증거로서 다시 증거하는 허다한 증인들이 우리 옆에 둘러서 있다는 것이다. 한두 명의 증거는 무시될 수도 있다. 그러나 그렇게 많은 증거를 무시하는 것은 이성적으로 볼 때 결코 합당한 처사라 볼 수 없다. 우리는 이러한 증거들이 참됨을 믿음으로써 신앙의 길을 걷게 된다. 그럼에도 인간의 그리스도에 대한 증언은 말씀과 성령에 의한 증언에 비해서는 이차적인 것들이 된다. 아무리 많은 인간의 증언이 있다고 할지라도 그 증언은 성경의 일차적인 증언에 비해서는 부가적인 것이 될 수밖에 없다.

세 번째 문, 믿음으로서의 의지의 문 열기

실제로 예수를 믿고 우리가 구원을 얻는 것은 상당히 중요한 일이기 때문에, 하나님께서는 이 일을 인간들에게 분명히 알리기 위해 노력하셨다. 사랑하는 인류가 그의 증언을 확실히 믿고 모두 구원받을 것을 원하셨던 것이다. 그리스도의 말씀과 성령에 의한 증거를 받는 것은 어려운 일이 아니다. 하나님께서는 우리가 구원 받는 일을 어렵게 하지 않으셨다. 만약 우리가 천국에 가기 위해 10억 원씩을 내야 한다고 하셨다면 천국에 들어가는 것이 큰 짐이 되었을 것이다. 또한 천국에 들어가기 위해서는 거짓말을 하지 않아야 한다고 하였다면 천국에 들어갈 사람이 별로 없었을 것이다.

예수 그리스도께서 우리에게 제시한 구원의 길은 쉽고 간단한 것이다. 그의 행동이 어떠하든 믿음으로 구원을 얻는다고 그는 말씀하신다. 누구나 그가 어떠하든지 간에 예수 그리스도에게 나타난 주님의 증거를 믿음으로 구원을 얻는다는 말이다. 하나님께서는 모든 인류가 그리스도가 하나님의 아들이심과 그들의 구주가 되심을 믿기만 하면 구원을 얻을 것임을 말하셨던 것이다. 요한일서의 말로 하자면 "하나님이 우리에게 영생을 주신 것과 이 생명이 그의 아들 안에 있는 그것"(요일 5:11)이다. 이 사실을 믿기만 하면 구원을 얻게 된다는 말씀이다. 구원을 향한 우리의 믿음을 위해 하나님께서는 확실한 두 가지 증거를 주셨다. 먼저는 성경말씀이며 다른 하나는 성령의 조명하심이다. 우리는 이 두 가지 증거를 통해 바른 믿음에 거하게 된다.

이제 우리는 하나님의 존전으로 들어가는 세 번째 문을 열게 되었다. 말씀과 성령이 조명하고 있는 세 번째 문인 의지의 문이다. 통찰의 문, 마음의 문을 지나 의지의 문에 이르게 되었다. 우리는 이러한 증거들의 도움으로 예수님을 우리에게 생명을 주시는 하나님으로 믿게 된다. 어느 것을 믿기 위해서는 그것을 위한 지적이며 정서적이며 의지적인 동의가 필요하다. 이러한 믿음의 승인에서 가장 중요한 기능은 의지적인 기능으로, 이 기능을 통해 우리는 확실한 신앙에 이르게 된다.

말씀과 성령의 증거에 의해 우리는 예수님을 구주로 영접하게 되는

데 이런 증거의 확신은 인간 내의 신념의 문제 곧 의지의 문제와 연결된다는 것이다. 안다는 것이 지성의 문제이며, 사랑한다는 것이 감성의 문제라면, 믿는다는 것은 인간 의지의 문제와 직결된다. 믿는다는 것은 단순한 지적인 승인이나, 정서적으로 친화력을 갖는 정도의 것으로 마무리되지 않는 것으로 의지의 결단과 관련되어 있다. 우리의 믿음은 의지로써 결단하고 행동하는 믿음이다. 그러한 의지의 결단이 없는 믿음은 죽은 믿음이라고 야고보서는 강조한다.

"영혼이 없는 몸이 죽은 것 같이 행함이 없는 믿음은 죽은 것이니라."

(약 2:26)

이해를 위한 질문들

1. 예수 그리스도가 하나님의 아들이시며 우리의 구원자되심에 대한 결정적인 증거 두 가지를 말하시오.

2. 말씀 외에 성령의 증거가 필요한 이유에 대해 설명하시오.

3. 예수 그리스도(성경 말씀)와 성령의 관계성에 대해 설명하시오.

The Seven Gates of God's Sanctuary

에스겔 37장 12-14절
"그러므로 너는 대언하여 그들에게 이르기를
주 여호와께서 이같이 말씀하시기를
내 백성들아 내가 너희 무덤을 열고 너희로 거기에서 나오게 하고 이스라엘 땅으로 들어가게 하리라.
내 백성들아 내가 너희 무덤을 열고 너희로 거기에서 나오게 한즉 너희는 내가 여호와인 줄을 알리라.
내가 또 내 영을 너희 속에 두어 너희가 살아나게 하고 내가 또 너희를 너희 고국 땅에 두리니
나 여호와가 이 일을 말하고 이룬 줄을 너희가 알리라 여호와의 말씀이니라."

네 번째 문

지성의 문
하나님을 알다

"나를 여호와인 줄 알리라"

에스겔서에는 "나를 여호와인 줄 알리라"라는 문장이 45번이나 나온다. 그러므로 아주 빈번히 나오는 이 문장의 이해 없이는 에스겔서의 의미를 파악할 수 없을 것이다. 짧은 6장의 말씀 가운데에서도 그러한 문장이 4번이나 나오는 것을 발견할 수 있다. 에스겔 6장 7절의 말씀은 다음과 같이 되어 있다.

"또 너희가 죽임을 당하여 엎드러지게 하여 내가 여호와인 줄을 너희가 알게 하려 함이라."

이 본문에서 "내가 여호와인 줄 너희로 알게 하려 함이라."는 말씀이 나타난다. 이 문장에는 하나님을 알게 만들겠다는 이스라엘 백성들을 향한 하나님의 교육 의지가 강하게 담겨 있다.

이처럼 에스겔서에 자주 나오는 문장을 이해하기 위하여 그것을 레위기 18장 2절의 말씀과 비교해 보는 것이 좋을 듯하다.

"너는 이스라엘 자손에게 말하여 이르라. 나는 여호와 너희의 하나님이니라."

레위기서에서 하나님은 자신을 그저 '하나님'이라고 선언하고 계신다. 그러나 에스겔서에서는 '나는 야웨이다' 라는 선언을 넘어서고 있다. 에스겔서는 나를 야웨인 줄 너희가 알게 하겠다는 하나님의 의지가 덧붙여졌다는 것이다. 그냥 방치해둔 상태에서 이스라엘 백성은 하나님을 참되게 아는 데 이르지 못했다. 그리하여 하나님께서는 이스라엘로 하여금 자신을 알게 만들려는 적극적인 행동을 작정하셨다. 그들이 자신을 알 때까지 기다리는 것이 아니라, 그들에게 자신을 알리고 드러내며 그들이 자신을 알도록 하기 위하여 그들을 이끄셨던 것이다.

그것은 엄마가 어린아이에게 말을 가르치는 과정과 유사하다. 아기는 말을 처음 배울 때 엄마의 언어를 이해하지 못한다. 그와 같이 처음에는 알아듣지 못할지라도 계속되는 반복을 통해 아기는 그 말과 삶의 정황을 연결하는 능력을 얻게 되고, 어느 순간엔가 엄마의 말을 이해하게 된다. 아기에게 엄마가 얼굴을 맞추고 수천 번 아니 수만 번 엄마라고 반복하여 교육함으로써, 어느 순간 아기는 엄마의 얼굴을 보고 엄마라는 발음을 하게 된다. 그 아기가 엄마를 엄마라고 부르게 된 것은 자기 스스로의 능력으로 한 것이 아니라, 엄마의 부단한 반복교육의 결과로 그리하게 된 것이라는 것이다. 엄마의 노력으로 그 아기가 엄마를 엄마라고 부르게 되었음에도 불구하고, 엄마는 그 아기가 자신을 보고 엄마라고 부른 것을 매우 기뻐한다. 우리가 하나님을 하나님으로 알게 되는 과정도 이와 비슷하다. 하나님께서 스스로를 우리에게 계시하심을 통해 우리는 하나님을 하나님으로서 알게 된다. 이와 같이 하나님을 하나님으로 선포하여도 알지 못하는 이스라엘 백성들을 향해 하나님께서는 그 스스로를 알리실 것을 작정하셨으며, 그런 하나님의 자기계시와 자기현현의 내용이 에스겔서 전반에 드러나 있다. 하나님께서는 우리들이 알 수 있도록 자신을 우리에게 계시하시는 분이시다.

에스겔서 전체에는 '안다' 라는 동사가 99번 반복되고 있다. 이 '안다' 라는 동사를 바로 이해하지 못하고는 에스겔서의 내용을 잘 파악할수 없다. 이 단어는 히브리어로 '야다' 라고 하는데, 보통 영어로 'know'로 번역되나, 그 말은 지성적으로 안다는 뜻 이상을 내포하고 있다. 창세기 4장 1절에는 "아담이 그 아내 하와와 동침하매 하와가 잉태하여 가인을 낳고 이르되 내가 여호와로 말미암아 득남하였다 하니라"하는 말이 있다. 여기에서 '동침하여' 라는 동사는 히브리어 '야다' 를 번역한 것으로, 우리는 그것에서 그 동사의 넓은 의미를 알게 된다. '야다' 라는 동사는 지성적인 이해의 의미와 함께 어느 대상과의 전인격적이며 경험적인 만남을 나타내는 말로도 쓰인다.

우리는 하나님을 지성적으로 이해함이 필요하다. 그러나 그러한 지성적인 이해만으로는 부족하며 우리의 전 인격을 동원하여 하나님의 앎에 접근하여야 할 것이다. 하나님을 머리로 알 뿐 아니라, 마음으로 알고, 또한 몸으로도 아는 것이 요청된다. 인간은 머리만 가지고 어떤 대상을 알아차릴 수 없다. 머리의 인식을 위해서는 몸의 감각이 필요하고 마음의 정서적 움직임이 있어야 한다. 그것은 새가 공중을 나는 것으로 비유될 수 있다. 공기가 없다면 새가 아무리 날갯짓을 한다고 하여도 하늘을 날지 못할 것이다. 인간의 인식이라는 것도 그렇다. 몸과 마음으로 공명되지 않는 앎이란 공허한 새의 날갯짓과 같다. 참다운 지식은 머리에만 상관되지 않는다. 참다운 지식은 마음을 울린다. 그리고 몸을 움직이게 한다. 한 이론을 현실에 적용하였을 때 논리적으로 잘 맞아 떨어진다고 하여 충분한 것은 아니다. 탁월한 이론이라면, 사람들로 하여금 그것을 실천하고 싶은 의욕을 줄 수 있어야 한다. 좋은 이론이 되려면 사람들로 하여금 실천을 향해 움직이게 만드는 내적 역동성을 지녀야 한다.

하나님께서 자기를 알리신 방법

에스겔서는 하나님을 아는 방법을 간명하게 정리한다. 에스겔 37장 12-14절은 다음과 같이 말한다.

> "그러므로 너는 대언하여 그들에게 이르기를 주 여호와께서 이같이 말씀하시기를 내 백성들아 내가 너희 무덤을 열고 너희로 거기에서 나오게 하고 이스라엘 땅으로 들어가게 하리라. 내 백성들아 내가 너희 무덤을 열고 너희로 거기에서 나오게 한즉 너희는 내가 여호와인 줄을 알리라. 내가 또 내 영을 너희 속에 두어 너희가 살아나게 하고 내가 또 너희를 너희 고국 땅에 두리니 나 여호와가 이 일을 말하고 이룬 줄을 너희가 알리라. 여호와의 말씀이니라."

이 본문은 하나님을 아는 삼 단계에 대하여 설명하고 있다. 하나님은 먼저 자신이 하실 일을 사람들에게 알리신다. 두 번째 단계로 하나님은 그 알리신 것을 역사 가운데에서 그대로 이루신다. 세 번째 단계에서 사람들은 그 하나님의 말씀이 오늘의 현실 가운데에서 성취된 것을 보고 그가 하나님인 줄 알게 된다는 것이다(겔 36:32-38).

이상의 방법론에 따라 에스겔서는 먼저 하나님께서 앞으로 하실 일들에 대해 말하시며, 그것이 역사 가운데에서 이루어졌음을 보고, 하나님의 말씀에 신빙성이 있음을 알게 됨과 동시에 하나님의 존재를 인식하게 되는 것임을 우리에게 설명한다. 그것은 일종의 퍼즐 조각들을 맞추는 것과 비슷하다. 하나님께서 말하신 것을 이루심을 보면서 우리는 한 조각의 퍼즐을 갖게 된다. 이런 체험들이 모여 우리는 여러 퍼즐 조각을 갖게 되며, 그러한 조각들을 맞추어 가면 갈수록 우리는 그로부터 하나님의 얼굴이 또렷해짐을 느끼게 된다. 퍼즐 조각이 많이 모이면 모일수록 하나님 얼굴의 윤곽은 분명해진다. 이와 같은 방법으로 우리는 하나님의 형상에 접하게 되는 것으로, 그 일을 위해 우리는 성경의 말씀을 실험해 볼 필요가 있다. 성경의 말씀이 우리 삶에 그대로 적용되는지를 하나하나 실험해 보는 동안 우리의 신앙은 자라게 되는 것이다.

기독교는 막연한 미신적 종교가 아니다. 삶 속에서의 실험을 통해 입증이 가능한 종교인 것이다. 과학적 실험으로 어느 과학의 이론이 입증되는 것과 같이, 기독교는 그런 과학정신을 가지고 접근되어야 하는 종교라는 것이다. 예를 들어 "주는 자가 받는 자보다 복이 있다."라는 성경 말씀이 있다. 또한 십일조를 바치면 곳간에 쌓을 곳이 없도록 축복해 주신다는 말씀도 있다. 우리는 이러한 말씀들을 우리의 삶 속에서 하나하나 실험하여 볼 수 있다. 가난한 이웃을 위해 나눔의 삶을 실천하였더니, 하나님께서 더 큰 복을 주시더라는 것을 파악하는 순간, 우리는 그 하나님의 말씀을 믿게 될 것이며, 그럴 경우 우리는 한 조각의 퍼즐을 얻게 되는 것이다. 십일조를 드리는 일도 우리의 삶 가운데에서 실험하여 볼 수 있다. 하나님의 말씀이 우리의 삶에 그대로 적용되는 것을 깨달으며, 우리는 하나님의 존재 앞으로 접근하게 된다. 이 같은 퍼즐 조각을 수백 개 모으게 되면 하나님의 얼굴이 거의 분명해질 것이라 확신한다.

세 단계를 통해 우리는 하나님의 앎에 접근하게 된다. 하나님께서는 먼저 대언자를 통해 말씀하신다. 두 번째로 그 대언자의 말이 역사 가운데에서 성취되며, 마지막으로 그 하나님의 말씀이 역사와 우리의 삶 가운데에서 그대로 이루어지는 것을 보고 우리는 하나님을 알게 된다는 것이다. 필자는 다음에서 이 세 가지 단계들을 좀더 면밀히 검토하려 한다.

대언자를 통해 말씀하심

하나님께서는 자신의 하실 일을 미리 예언자를 통해 알리시는 분이시다. 하나님께서는 인간들이 자신의 말을 이해하지 못하고 믿지 못함에도 자신의 하실 일을 먼저 말씀하신다.

"그가 내게 이르시되 인자야 네 발로 일어서라 내가 네게 말하리라 하시며, 그가 내게 말씀하실 때에 그 영이 내게 임하사 나를 일으켜 내 발로 세우시기로 내가 그 말씀하시는 자의 소리를 들으니, 내게 이르시되 인자야 내가 너를 이스라엘 자손 곧 패역한 백성, 나를 배반하는 자에게 보내노라. 그들과 그 조상들이 내게 범죄하여 오늘까지 이르렀나니, 이 자손은 얼굴이 **뻔뻔**하고 마음이 굳은 자니라 내가 너를 그들에게 보내노니 너는 그들에게 이르기를 주 여호와의 말씀이 이러하시다 하라. 그들은 패역한 족속이라. 그들이 듣든지 아니 듣든지 그들 가운데에 선지자가 있음을 알지니라. 인자야 너는 비록 가시와 찔레와 함께 있으며 전갈 가운데에 거주할지라도 그들을 두려워하지 말고 그들의 말을 두려워하지 말지어다. 그들은 패역한 족속이라도 그 말을 두려워하지 말며 그 얼굴을 무서워하지 말지어다. 그들은 심히 패역한 자라 그들이 듣든지 아니 듣든지 너는 내 말로 고할지어다."(겔 2:1-7)

하나님께서는 그의 말씀을 듣고 이해할 만한 가능성을 가진 자에게 말씀하려 하는 것이 아님을 위의 본문은 언급한다. 그들은 마음이 강퍅하고 패역한 족속임을 하나님께서는 익히 잘 알고 계신다. 지금 이해할 만한 능력이 없는 자들을 향하여 하나님께서는 말씀을 하겠다는 결심을 하셨던 것이다. 갓난아이 같이 듣지 못하는 상태에 있는 자들을 향해 하나님은 말씀하시는 것이다.

하나님의 말씀을 전달하는 선지자들도 당시 그 하나님께서 말하시려는 내용을 잘 이해하고 있지 않았던 것 같다. 선지자는 하나님의 뜻을 이해한 후 자신의 주체성과 자발성을 가지고 하나님의 말씀을 대언하고 있는 것 같아 보이지 않는다. 그가 말하는 것이라기보다는 하나님의 신이 그를 일으켜 세우셔서 그의 입을 통해 말하고 계신다. 이와 같이 우리는 그 구원이 철저히 하나님의 뜻에 의한 것임을 알게 된다. 백성 앞에서 하나님의 말씀을 전하는 자도 타락한 백성 중 한 명에 지나지 않았다. 그의 정의로운 말은 그의 존재에서 나온 것이 아니며 그의 밖의 한 존재인 하나님의 의중에서 나온 것이다. 그러므로 말씀을 전하는 자도 그 말이 꾸중하는 대상에서 면제될 수 없다. 진정한 사회의 새로움이란 사회 밖의 한 존재, 오직 하나님으로부터만 가능하다. 이 세상에서 나온 모든 대안들은 세상적 타락의 연장일 뿐 그런 것에는 어떤 새로움이 없다. 하나님께서 예언자의 입에 말을 주심으로써 사회의 개혁은 시작되고 있다. 그 말은 예언자가 임의로 고안한 말이 아니다. 모든 구원은 하나님의 은총에 의한 것이지 예언자의 개혁 의지에 의한 것이 아니다.

하나님께서는 먼저 자신이 하실 일을 알리시는 분이다. 에스겔은 그 하나님께서 자신을 알리시는 방법을 다음의 세 가지로 말하였다. 1장 1절의 말씀은 하나님께서 이상(vision)을 통하여 자신을 드러내신다고 언급한다. 2장 1절에선 말씀(신탁, oracle)을 통하여, 또한 4장 3절에선 징조(sign)에 의해서 하나님께서 자기를 드러내심을 말하고 있다. 하나님께서는 이상과 말씀과 징조에 의해 자신을 알리는 분이시다. 요한일서 1장 1절은 이러한 내용을 다음과 같이 묘사한다.

"태초부터 있는 생명의 말씀에 관하여는 우리가 들은 바요 눈으로 본 바요 자세히 보고 우리의 손으로 만진 바라."

이 본문은 듣고 보고 만지는 것에 대해 말한다. 우리는 하나님이 주시는 이상을 보아야 하며, 하나님이 하시는 말씀을 들어야 하고, 하나님이 우리에게 주시는 징조를 손으로 만진 듯 느껴야 한다. 귀로 듣고 눈으로 보며 몸으로는 느낄 수 있어야 한다는 것이다.

이러한 하나님의 세 가지 방법으로서의 자기계시를 좀더 잘 이해하기 위해 교통표지판 내용을 분석해보는 것이 좋을 것 같다. 교통표지판은 대개 세 가지 종류로 구분이 가능하다. 먼저 실제의 그림으로 내용을 알리는 표지판이 있다. 동물이 자주 도로에 나오는 것을 알리기 위해 동물의 그림을 직접 그려넣은 표지판이 그 예이다. 다음은 문자로 쓰인 표지판이 있다. 'STOP'이라 쓰인 표지판은 그 앞에서 우리가 잠시 멈추었다가 가라는 표시이다. 마지막으로 어떤 상징적인 기호를 통하여 교통을 안내하는 표지판이 있다. S자로 구부러진 도로를 표시하기 위하여 'S'자 형태의 기호를 사용하는 경우이다. 교통표지판은 그림과 문자와 기호 등 세 가지로 구성된다.

우리는 교통표지판을 보고 우리의 운전을 조율한다. 그 표지판이 말하는 위험한 상황을 미리 대비하는 것이다. 그 표지판을 보고도 그것이 무슨 뜻인지 모르는 자에겐 위험이 따를 것이다. 어느 도로를 지나가며 몇몇 교통표지판을 보았다고 하자. 운전해 나아가는 중 그 교통표지판들이 언급하는 대로 그러한 상황이 그대로 전개되었을 경우, 우리는 점점 그 표지판을 신임하게 된다. 반대로 그 표지판들의 내용이 실제 운전 중에서 전개되지 않는다면, 우리는 이후 그 표지판의 내용을 신임하지 않을 것이다. 하나님을 알고 믿는다는 것도 교통표지판의 예과 비슷하다. 그 하나님의 말씀들이 우리의 삶 가운데에서 그대로 실현되는 것을 보고 우리는 점점 더 하나님의 말씀을 신뢰하게 된다는 것이다.

하나님께서는 우리 삶 가운데 이미 위험표지판을 세워 놓으셨다. 만약 우리가 그 표지판에 주의하여 운전한다면, 우리의 삶에는 심각한 문제가 일어나지 않을 것이라 생각한다. 하지만 인생을 살면서 하나님이 주신 위험표지판들을 무시하면서 살기 때문에 우리는 많은 어려움을 겪게 되는 것이다. 그 표지판을 무시하며 사는 사람도 있는 반면, 초보운전자라서 그런 표지판들을 보지 못하고 그저 앞만 보고 운전하기 때문에, 하나님께서 세워놓으신 위험표지판들을 읽지 못할 때도 있다. 노련한 운전자라면 교통표지판을 보기도 하고 주변의 경치도 감상하면서 운전하겠지만 초년생은 그럴 여유가 없다. 언제나 하나님께서는 우리에게 인생의 어려운 일들을 대비하라고 말씀하신다. 주님이 세워 놓으신 교통표지판들에 주의하며 운전해 나가는 믿음의 사람들이 되도록 노력하여야 할 것이다.

먼저 비전에 대하여 생각해 보도록 하자. 하나님께서는 우리에게 이상과 비전과 상상력(imagination)과 이미지를 주시는 분이다. 하나님은 눈에 보이는 그림과 같은 비전을 주심으로써 자신의 뜻을 나타내신다. 다음으로 하나님은 우리에게 말씀하심으로 우리로 하여금 믿음의 길로 이르게 하신다. 그것은 언어라는 수단을 매개로 우리에게 전달되는 계시이다. 마지막으로 징조가 있다. 징조는 요한복음에서는 표적이라는 말로도 표현된다. 에스겔은 하나님의 징조를 드러내기 위하여 자신의 몸의 행동을 이용하였다. 이와 같이 하나님은 우리의 상상력과 언어와 몸의 행동을 동원해 자신의 계시를 나타내시는 분이다. 예수 그리스도께서는 하나님의 계시로서 우리는 그의 말씀과 행동과 이미지 작업을 통해 그 속에 있는 하나님을 발견하게 된다. 특히 요한에 의한 성경의 책들은 이 세 가지 문제를 거론한다. 요한복음은 말씀을 듣고 믿는 문제에 대해 말한다. 요한일서는 몸으로 체득되는, 곧 행동을 통하여 알게 되는 하나님에 대해 설명한다. 마지막으로 요한계시록에서는 '볼지어다'(idou)라는 동사가 강조되어 있다. 요한계시록은 하나님이 제시하시는 비전과 이미지를 보는 것이 신앙의 관건임을 말하는 것이다. 하나님을 알기 위해서는 언어적이며 지적인 작업만으로 불충분하다. 그것을 위해서는 또한 상상력의 정서적인 면이 부가되어져야 한다. 그리고 몸의 훈련과 행동으로의 실천이 따르지 않는 하나님에 대한 앎이란 공허한 것이다. 지성적인 앎과 정서적이며 실천적인 앎은 서로 긴밀히 연결되어 있다는 것이다.

하나님께서는 자신이 하신 말씀을 이루시는 분이다

에스겔 6장 10절엔 다음의 말씀이 있다.

"그때에야 그들이 나를 여호와인 줄 알리라. 내가 이런 재앙을 그들에게 내리겠다 한 말이 헛되지 아니하니라."

이 본문은 하나님의 말이 결코 헛된 것이 아님을 말한다. 하나님의 말은 헛되게 끝나는 법이 없다. 그는 그의 말을 역사 가운데에서 이루시는 분으로, 그는 그가 하신 약속을 한 번도 어겨 본 적이 없으시다. 혹자는 하나님께서 말씀을 이루심이 더디다고 말하기도 하나, 그렇게 더디다고 느끼는 것은 이룸의 더딤에 있는 것이 아니며 느낌의 더딤에 있는 것이다.

"그러므로 너는 그들에게 이르기를 주 여호와의 말씀에 나의 말이 하나도 다시 더디지 아니할지니 내가 한 말이 이루어지리라. 나 주 여호와의 말이니라 하셨다 하라."(겔 12:28)

네 번째 문 지성의 문: 하나님을 알다

이에 설교자의 설교는 듣는 당시의 감동으로 마무리되어서는 안 된다. 모든 설교는 들음으로 끝나서는 아니 되며 현실 가운데에서 성취되는 과정이 요청된다. 현실 가운데에서 형체화되지 않는 말씀은 헛될 뿐이다. 그러기에 설교자의 정체성은 말씀을 전하는 것에만 의존하는 것은 아니며, 그 말씀의 현실성이 확인되는 데에서 분명해진다. 실천하지 않는 설교자의 설교는 헛공론이 되고 말 것이기 때문이다.

"그 말이 응하리니 응할 때에는 그들이 한 선지자가 자기 가운데에 있었음을 알리라."(겔 33:33)

그때 그들은 하나님을 알게 된다

하나님은 이스라엘 민족에게 두 가지 일을 미리 알리고 계신다. 하나는 이스라엘 민족의 죄악을 징계하시겠다는 말이며, 다른 하나는 그럼에도 불구하고 이스라엘 민족을 회복시키시겠다는 약속이다. 우리는 이 같은 하나님의 심판과 은총을 경험함으로써 하나님의 앎에 이르게 된다. 먼저 하나님은 죄에 대한 보응을 통하여 자신을 알리시는 분이다.

"내가 네게 보응하는 날에 네 마음이 견디겠느냐. 네 손이 힘이 있겠느냐. 나 여호와가 말하였으니 내가 이루리라. 내가 너를 뭇 나라 가운데에

흩으며 각 나라에 헤치고 너의 더러운 것을 네 가운데에서 멸하리라. 네가 자신 때문에 나라들의 목전에서 수치를 당하리니 내가 여호와인 줄 알리라 하셨다 하라."(겔 22:14-16)

다음으로 하나님께서는 이스라엘 민족에게 은총을 베풀겠다는 약속을 자신을 알리시는 수단으로 삼고 계신다.

"전에는 내가 그들이 사로잡혀 여러 나라에 이르게 하였거니와 후에는 내가 그들을 모아 고국 땅으로 돌아오게 하고 그 한 사람도 이방에 남기지 아니하리니 그들이 내가 여호와 자기들의 하나님인 줄을 알리라. 내가 다시는 내 얼굴을 그들에게 가리지 아니하리니 이는 내가 내 영을 이스라엘 족속에게 쏟았음이라. 주 여호와의 말씀이니라."(겔 39:28-29)

하나님은 자신의 하실 일을 미리 알리시며, 그 알리신 일이 역사 가운데에서 성취되는 것을 보고 이스라엘 백성들은 하나님을 알게 되었다. 기독교의 신앙이란 말씀이 현실화되는 것에 대한 믿음이라 할 수 있다. 신약에서 예수 그리스도께서는 자신을 통해 하나님을 드러내셨으며 우리는 그분으로 인하여 하나님을 알 수 있게 된다. 그 그리스도께서는 말씀이 육신이 되신 분으로서(요 1:14), 하나님의 말씀을 몸소 실천하셨다. 우리는 그 안에서 하나님 말씀의 계시와 성취를 동시에 보게 된다.

예수 그리스도는 하나님의 말씀 자체이실 뿐 아니라, 그 말씀을 역사 가운데에서 실천하신 분이시다. 그는 하나님의 말씀을 전달하시는 매체이심과 동시에 그 말씀 자체이신 분이기도 하다.

예수께서는 메시지 자체이심과 동시에 그 메시지를 전달하는 미디어의 역할을 동시에 하심으로써, 메시지 전달 과정에서의 누수 현상을 차단하셨다.

인간끼리의 의사전달에서는 많은 장애 요인들이 있어, 한 사람의 말 뜻이 다른 사람에게 완전히 전달된다는 것은 거의 불가능하다. 그것은 수원지의 물을 각 가정에 전달하는 것과 같다. 수원지의 물이 100% 그대로 각 가정에 전달되는 것은 가능하지 않은 일이다. 그 물을 옮기는 수도관, 곧 미디어에 한계가 있어 누수 현상도 생기게 되고 다른 오염물질도 섞이게 되는 것이다.

그러나 예수 그리스도께서는 스스로 하나님의 말씀이면서 말씀의 전달자 역할을 하고 있기 때문에 이런 누수 현상이 생기지 않는다. 하나님의 메시지 자체가 미디어가 되신 것이다. 더 나아가 그분은 하나님의 말씀을 전달하셨을 뿐 아니라, 그 말씀을 역사 중에서 현실화하신 분이다. 우리는 그리스도 안에 나타난 말씀과 그 말씀의 현실화를 동시에 봄으로써 하나님을 부족함 없이 알게 된다.

그 예수께서는 말씀을 이루신 분임과 동시에 미래 인간의 구원에 대해서도 미리 말씀하신 분임을 우리는 알아야 한다.

"옛적에 선지자들을 통하여 여러 부분과 여러 모양으로 우리 조상들에게 말씀하신 하나님이, 이 모든 날 마지막에는 아들을 통하여 우리에게 말씀하셨으니 이 아들을 만유의 상속자로 세우시고 또 그로 말미암아 모든 세계를 지으셨느니라."(히 1:1-2)

이에 예수 그리스도를 믿는 것에는 두 가지 차원이 포함된다. 먼저는 하나님의 말씀이 그 안에서 이루어짐을 보고 믿는 것이요, 다음은 그 예수의 말씀이 이루어질 것을 믿는 것이다.

두 가지 차원의 믿음이 있다. 먼저는 과거 지향적 믿음으로 하나님의 말씀이 이루어졌음을 보고 믿는 것이다. 다음으로 미래 지향적 믿음이 있다. 그 믿음은 하나님의 말씀이 미래에 이루어질 것에 대한 믿음이다. 보고 믿는 것도 좋은 일이지만 보지 않고 믿는 것은 더 귀한 믿음이다.

우리는 예수 그리스도를 믿어 구원에 이른다. 예수 그리스도는 하나님의 말씀을 그의 삶 속에서 성취하신 분으로, 그 예수님을 믿는다는 것은 하나님의 말씀이 그 안에서 성취되었음을 믿는 것이다. 하나님의 아들 그리스도께서는 하나님의 말씀 자체이심과 동시에 그 말씀을 그의 삶 속에서 이루신 분이시기도 하다. 메시지의 내용과 그 메시지의 성취가 그 안에서 하나로 묶여 있다. 요한복음 1장 14절에서 말씀이 육신이 되었다는 말은 하나님의 말씀이 그 안에서 몸소 성취되었음을 말하는 것이다.

네 번째 문, 지성의 문 열기

통찰의 문, 마음의 문, 의지의 문을 지나 지성의 문에 이르게 되었다. 마음의 문은 하나님을 마음으로 사랑하는 문제를 다루는 반면, 의지의 문은 하나님을 믿는 문제를, 그리고 지성의 문은 하나님을 아는(know) 문제를 다룬다. 하나님을 아는 일에 주체가 되는 것은 우리가 아니라 하나님 자신이시다. 정확히 말하면 하나님의 계시이다. 우리는 우리의 지적 능력으로 하나님을 알게 되는 것이 아니며, 자기 스스로를 드러내시는 하나님의 계시 힘을 빌려 하나님을 알게 된다. 그러므로 하나님을 아는 일은 전적으로 하나님의 은혜에 따른 일이라고 할 수 있다. 하나님께서는 하실 일들을 미리 말씀하시며 그 말씀이 역사 가운데에서 성취되는 것을 보고 우리는 하나님의 계심을 깨닫게 된다. 그 말씀을 전하신 하나님의 현존을 우리가 신뢰하게 된다는 것이다.

이제 우리는 하나님의 존전에 다가가기 위한 네 번째 문을 열게 되었다. 문 하나하나를 지나면서 우리는 주님의 실체를 더욱 또렷하게 느끼게 된다. 이전에는 희미하였던 주님의 모습이 안개 걷히듯 더욱 뚜렷한 영상으로 우리에게 다가오게 된다.

인간의 지식이란 하나님이 가지고 계신 지식에 비하면 미력하기 그지없다. 인간들은 자신의 무지함을 모르고 자신들의 지식을 자랑하지만, 하나님 앞에서는 모두가 보잘것없고 부족한 지식인 것이다. 어느 분야의 전문가이면 전문가일수록 인간 지식의 한계를 절감하게 된다.

국가의 정책을 다루는 경제문제 전문가가 국가의 경제를 미리 모두 진단할 수 있는 것 같지만 그렇지는 않을 것이다. 국가경제에 영향을 미치게 되는 많은 요인을 모두 검토하는 것이 불가능하다는 것을 전문가들은 알고 있기 때문에, 어떤 정책을 결정하는 데 전문가라 할지라고 지식의 여분에 호소하게 되는 것이며, 이때 필요한 것이 기도와 통찰력이라 생각한다. 알면 알수록 모호한 것이 세상이며 우리의 삶이므로, 우리는 우리의 미래를 하나님께 맡길 수밖에 없다.

주님의 일깨우심과 계시만이 우리를 삶의 모호함에서 구할 수 있다. 하나님을 아는 일이란 일반 인간에게 철저히 은폐되어 있는 일로 주님께서 계시하실 때만이 우리는 주님에 대한 이해에 바로서게 되는 것이다. 주님의 계시를 파지하고 주님께서 우리의 삶 가운데에서 진행하시는 일들을 바라보는 데에는 나름의 이해력이 요청되는 것으로, 그것을 위해 우리는 하나님의 성소 안에 있는 지혜의 문을 열어야 한다.

이해를 위한 질문들

1. 에스겔서에서 하나님께서 자신을 알게 하신 방법에 대해 설명하시오.

2. 하나님께서 자신의 뜻을 알리시는 방편들에 대해 열거하고, 그것들을 교통표지판과 비교해 보시오.

3. 하나님의 말씀이 나의 삶 가운데에서 현실화된 예들을 서로 말해봅시다.

The Seven Gates of God's Sanctuary

요한일서 3장 14절
"우리는 형제를 사랑함으로 사망에서 옮겨 생명으로 들어간 줄을 알거니와
사랑하지 아니하는 자는 사망에 머물러 있느니라."

다섯 번째 문

몸의 문
하나님을 따르다

하나님을 따르다

성경은 하나님 체험을 위한 몇 가지 방식을 설명한다. 먼저는 하나님을 안다는 말이 있다. 또한 하나님을 믿는다, 하나님을 사랑한다, 하나님을 따른다 등등의 말도 사용된다. 하나님을 안다라는 말은 하나님에 대한 지성적인 접근을 의미한다. 하나님을 믿는다라는 표현은 의지적인 문제와 관련된다고 필자는 생각하고 있다. 사랑한다는 것은 정서적인 문제와 일차적인 연관이 있다. 마지막으로 따른다는 것은 행동과 실천 곧 우리의 몸과 연결된다. 물론 각각의 기능들은 서로 중복되어 있다. 그러나 여기에서 필자는 각 기능들의 특징적인 면을 부각시켰다. 이렇게 지적이며, 의지적이고, 정서적이며, 행동적인 모든 부분이 통합되어 하나님 체험의 내용을 이룬다. 특별히 신약성경의 요한일서는 하나님을 행동으로 따르는 문제에 관해 설명하는 책이다.

우리는 이웃을 사랑함으로써 하나님을 더욱 분명히 알 수 있게 된다. 요한일서 4장 12절은 다음의 말을 한다.

"어느 때나 하나님을 본 사람이 없으되 만일 우리가 서로 사랑하면 하나님이 우리 안에 거하시고 그의 사랑이 우리 안에서 온전히 이루느니라."

어려운 이웃을 힘에 부치도록 사랑하는 중에 예수 그리스도를 더욱 또렷하게 경험하였음을 전하는 많은 간증이 있다. 김진홍 목사는 죽어가는 환자를 병원 응급실에서 받아주지 않아 등에 업고 성동교를 건너는 중에 죽음을 맞는 그 환자의 얼굴에서 예수 그리스도의 모습을 발견하게 된다. 최일도 목사는 부모님이 잘 보살피지 않는 어린아이들이 밥을 굶고 축 늘어져 모든 기력을 잃어 가고 있는 모습들을 보면서, 그들의 얼굴에서 주님의 얼굴을 발견하게 되었던 것이다. 아무도 하나님의 얼굴을 본 사람은 없으며, 또한 우리가 하나님의 얼굴을 볼 수도 없지만, 서로 사랑하는 가운데 주님의 형상을 발견하게 된다. 인간은 모두 하나님의 형상으로 창조된 자로서, 우리는 우리 자신 속과 이웃의 존재 깊은 곳에 있는 주님의 형상을 사랑을 통해 직시하게 되는 것이다.

이웃을 향한 구체적인 행동 속에 예수 그리스도와의 신비적인 만남이 교차된다. 행동과 관상(contemplation)은 하나이다. 우리가 행동하기 전까지는 모든 것이 구체화되지 않을 뿐 아니라 세워진 이론이라도 하나의 가정에 불과하다. 한 이론이 구체적인 것이 되려면 현실에서의 검증을 거쳐야 하며, 실천(praxis)을 통해 확증돼야 한다. 그 이전에는 모든 것이 거울로 보듯 희미한 것이나, 사랑의 행동 속에서 그 하나님을 더욱 확실히 알 수 있게 된다. 요한일서의 사랑은 우리의 내면에 있는 사랑이기보다는, 우리의 행동으로 구체화된 사랑이다.

"누가 이 세상의 재물을 가지고 형제의 궁핍함을 보고도 도와 줄 마음을 닫으면 하나님의 사랑이 어찌 그 속에 거하겠느냐. 자녀들아 우리가 말

과 혀로만 사랑하지 말고 행함과 진실함으로 하자."(요일 3:17-18)

주님의 사랑은 사랑의 실천을 통해 확실히 입증된다.

이웃 사랑 속에서의 하나님 체험

필자는 이미 에스겔서 연구에서 하나님의 앎의 문제를 언급한 바 있다. 그곳에서 필자는 하나님의 말씀이 오늘의 현실 가운데에서 실천되는 것으로 보고 인간이 하나님을 알 수 있게 됨을 말한바 있다. 하나님의 말씀은 어떤 허공에서 실현되는 것이 아니다. 그것은 이 세상 한가운데에서 실현된다. 물론 하나님의 독자적인 역사에 의해서도 그의 말씀이 실현될 수 있으나, 대다수의 경우에는 인간의 의지적 참여에 의해 그의 말씀의 실현을 보게 된다.

하나님께서는 자신이 하실 일을 인간들에게 미리 말씀하신 분일 뿐만 아니라, 인간이 하여야 할 일을 말씀하신 분이시기도 하다. 하나님은 동물에게 하여야 할 일을 명령하지는 않으셨다. 그러나 인간에게는 하여야 할 일을 계명으로 명령하셨다. 계명이란 인간을 통해 하나님께서 하고자 하시는 일이다. 하나님은 계명을 주셨으나 인간은 그 계명을 실천치 못하였으며 또한 실천할 능력도 갖고 있지 못했다. 하나님은 이와 같은 타락한 인간을 구원하심으로써 그들에게 하나님의 계명을 실천할 능력을 불어넣으셨던 것이다. 인간은 그 자신의 능력으로 하나님의 명령을 실천하게 된 것이 아니며, 하나님의 구원의 능력을 통하여 그의 명령을 준행할 수 있게 되었다. 그러므로 계명의 실천은 인간 자체의 능력에 의한 것이 아니라 우리 안에서 역사하시는 하나님의 능력에 의한 것이다.

그렇게 하나님은 자기 스스로 인간 안에서 자신의 일을 하셨음에도 불구하고 인간에게 인간이 하여야 할 일을 또한 명하고 계신다. 하나님은 인간에게 하여야 할 일을 명령하심을 통해 자신의 일에 인간을 초대하신다. 반면 우리는 그러한 하나님의 계명을 실천키 위해 하나님을 우리의 실천에 초대하여야 한다. 하나님은 그의 사역을 위해 우리를 초대하셨으며 우리는 우리의 행함을 위해 하나님을 초대한다.

그러므로 우리는 사랑을 실천하는 가운데 하나님의 능력과 역사를 보게 된다. 우리는 사랑하라는 주님의 계명에 대한 준행을 통해 인간의 일이 아닌 하나님의 일에 참여케 되는 것이며, 하나님의 말씀이 현실 속에서 실현됨을 보게 되는 것이다. 하나님은 명령하심으로써 인간이 하여야 할 일을 말함과 동시에 그 스스로가 인간 안에서 하여야 할 일을 말한 것이다. 이에 우리가 하나님의 명령을 실천에 옮겼다는 것은 우리가 한 일이라기보다는 하나님 스스로 그 일을 성취하신 것으로 볼 수 있다. 우리가 사랑을 실천할 때, 우리는 그 속에서 하나님의 일하시는 모습을 발견하게 되는 것이다. 하나님은 우리 속에서 그의 계명을 실천하며 우리는 우리의 의지에 의해 그것에 참여케 된다.

요한일서 3장 23절의 말씀은 하나님의 계명 내용을 다음과 같이 말한다.

"그의 계명은 이것이니 곧 그 아들 예수 그리스도의 이름을 믿고 그가 우리에게 주신 계명대로 서로 사랑할 것이니라."

이 말씀은 서로 사랑하는 행위 이전의 믿음에 따른 칭의를 강조한다. 우리의 행위는 예수 그리스도의 성육신에 근거해야 한다. 그리스도는 하나님의 말씀이 육신이 되신 분으로서 그의 말씀을 역사 가운데에서 이루신 분이다. 인간의 실천은 이러한 예수 그리스도의 말씀 실천에 근거해야 한다. 그리스도를 통한 하나님 스스로의 말씀 실천에 대한 믿음에 근거하지 않는 계명 실천이란 있을 수 없다는 것이다.

이 부분의 논지를 요약하면 이렇다. 우리 자연인에게는 이웃 사랑의 계명을 실천할 수 있는 능력이 없다. 그런 능력이 없는 자에게 하나님께서는 사랑의 실천을 명하셨다. 하나님께서는 그 같은 명령을 하실 뿐 아니라, 우리가 예수 그리스도를 믿음으로 의인되게 하심으로써 우리에게 남을 사랑할 수 있는 능력을 갖게 하셨다. 이에 우리가 사랑의 행위를 실천하였다면, 그것은 우리의 능력으로 한 것이 아니며, 하나님께서 우리 안에서 역사하심으로써 이루어진 것이다. 우리가 사랑을 실천할 때 우리는 우리 안에서 역사하시는 하나님을 발견하게 된다. 하나님께서는 우리의 사랑 가운데 숨겨져 계신 분이시다.

하나님 사랑과 이웃 사랑

"우리가 이 계명을 주께 받았나니 하나님을 사랑하는 자는 또한 그 형제를 사랑할지니라."(요일 4:21)

이 본문은 하나님의 사랑을 먼저 말하면서 그 하나님에 대한 사랑은 우리가 이웃을 사랑할 때 확증되는 것임을 설명한다. 예수께서 그의 제자들에게 최후로 물어보고 싶으셨던 말은 "네가 나를 사랑하느냐"(요 21:17)였다. 예수께서는 제자 베드로의 자신에 대한 사랑을 확인한 후, 곧 이어 그에게 하여야 할 일을 제시하신다. 나를 사랑하느냐, 그러면 내 양을 먹이라. 하나님을 사랑하느냐, 그러면 이웃을 사랑하여야 한다. 그 외에는 나를 사랑하는 다른 길이 없다.

"누구든지 하나님을 사랑하노라 하고 그 형제를 미워하면 이는 거짓말하는 자니 보는바 그 형제를 사랑하지 아니하는 자는 보지 못하는바 하나님을 사랑할 수 없느니라."(요일 4:20)

하나님은 그 자체로 만족하신 분으로서, 그에 대한 우리의 사랑이 그에게 어떤 만족을 더하는 것은 아니다. 그의 사랑은 더 다른 사랑이 필요하지 않는 완전한 사랑으로 일종의 내리 사랑이다(요일 4:8). 우리는 그를 그로서 사랑하지 못한다. 오히려 이웃을 사랑함으로써 그를 사랑하게 되는 것이다. 하나님을 사랑하지 않고 혹 이웃을 사랑할 수 있을는지 모르겠다. 그러나 이웃을 사랑하지 않고 하나님을 사랑한다는 것은 불가능하다. 하나님이 사랑하는 인간을 사랑하게 될 때 우리는 하나님을 깨닫게 된다. 사랑함을 통해 하나님을 만나게 된다. 하나님은 사랑이시기 때문이다. 하나님은 항상 우리보다 먼저 우리를 사랑하는 분이시다. 우리는 그보다 먼저 그를 사랑할 수 없다(요일 4:19). 우리가 먼저 하나님을 사랑한 것이 아니요, 하나님이 먼저 우리를 사랑하신 것이다(요일 4:10).

요한일서는 하나님 사랑과 이웃 사랑의 연관을 다음의 예를 들어 설명하였다. 5장 1절에는 "예수께서 그리스도이심을 믿는 자마다 하나님께로부터 난 자니 또한 낳으신 이를 사랑하는 자마다 그에게서 난 자를 사랑하느니라."라는 말씀이 있다. 이 본문은 '내신 이'와 '난 자'를 말한다. '내신 이'란 하나님 아버지를 말하며, '난 자'란 그의 자녀로서의 인간들을 언급한다. 우리 인간은 하나님의 자녀들이다(요일 5:2).

요한일서의 주장은 이렇다. 어떤 사람이 한 사람을 사랑하고 있다고 하자. 그 사람은 지금 멀리 떠나 있기 때문에 그를 직접 사랑할 수 있는 상황은 아니다. 그러나 그 사람에게 한 아들이 있어 그의 옆에 있다고 할 때, 그 사람을 진정으로 사랑하는 사람이라면, 지금 옆에 있는 그의 아들을 사랑하지 않을 수 없다는 것이 요한일서의 논리다. 그 사람을 사랑한다고 하고 옆에 있는 그 사람의 자녀를 사랑하지 않는다면, 그 사람의 사랑은 거짓이다. 하나님을 사랑하는 자는 그의 사랑하는 자녀를 또한 사랑해야 한다. 하나님은 우리 인간들을 자기의 독생자를 세상에 보내어 구원하시기까지 사랑하셨다(요일 4:9). 그러므로 하나님을 사랑하는 자는 그 형제를 사랑하여야 한다. 그렇게 이웃 사랑 없이 하나님을 사랑한다는 것은 헛것이다.

남을 사랑함으로써 참 생명에 이르게 된다

요한일서는 사랑과 생명의 긴밀한 연관관계에 대해 말한다. 두 방향의 사랑이 우리의 생명을 풍성히 함을 언급한다. 3장 14절은 다음의 말을 하고 있다.

> "우리는 형제를 사랑함으로 사망에서 옮겨 생명으로 들어간 줄을 알거니와 사랑하지 아니하는 자는 사망에 머물러 있느니라."

또한 5장 12절에는 "아들이 있는 자에게는 생명이 있고 하나님의 아들이 없는 자에게는 생명이 없느니라."라는 말씀이 있다. 두 본문 말씀처럼 그리스도를 믿고 이웃을 사랑함으로써 우리의 생명은 풍성하게 된다. 하나님과 이웃을 사랑함으로써 우리는 생명의 구원에 이르게 되는 것이다.

성경은 인간 생명이 소중하나 절대적인 것이라고 말하지는 않는다. 성경은 인간의 생명이 두 가지 측면에서 제한되는 것임을 말한다. 먼저 성경은 하나님이 지으신 피조물로서 인간의 생명이 하나님의 영광을 위해 존재하는 것임을 강조한다. 인간 자신이 보유하는 가치들이 인간 자신을 위해 존재하는 것이 아니라, 하나님을 위해 존재한다고 성경은 언급한다. 그러므로 우리는 목숨을 위하여 먹든지 마시든지 무엇을 하든지 다 하나님의 영광을 위해 하여야 한다(고전 10:31).

인간은 아무도 자기 스스로를 위해 사는 자가 없다. 인간은 사나 죽으나 다 주의 것일 뿐이다(롬 14:7-8). 자기 스스로를 위한 삶에서 인간의 생명이 규정되는 것이 아니며, 하나님을 위한 삶을 통해 그의 생명이 규정된다.

그러므로 우리의 먹고 마시는 행위도 우리의 목숨 유지를 위한 것이 아니며, 오히려 하나님의 영광을 위해 먹고 마시는 것이어야 한다(마 6:25, 33). 그러나 우리는 하나님의 영광을 위해서라기보다는 우리의 생명 존속 자체를 목적으로 하고 사는 때가 많다. 시편 63편의 저자는 "주의 인자(히브리어 '헤세드')가 생명보다 나으므로"라고 고백하였다. 주님의 자비하심과 사랑이 나의 생명부지보다 더 소중한 것임을 우리에게 일깨워 준다. 우리는 살기 위해 하나님을 믿을 수 있다. 그러나 성경은 우리가 하나님을 믿기 위해, 그를 사랑하기 때문에 사는 삶을 요구한다.

인간이 생명을 제한하는 또 하나의 요소가 있다. 그것은 이웃이라는 존재다. 마가복음 10장 45절에서 예수 그리스도께서는 다음의 말씀을 하셨다.

"인자가 온 것은 섬김을 받으려 함이 아니라 도리어 섬기려 하고 자기 목숨을 많은 사람의 대속물로 주려 함이니라."

이 본문은 자기의 목숨을 제한하는 더 큰 가치에 대해 설명한다. 곧 남을 위한 사랑에서 자기의 생명을 양보할 수 있다는 것이다. 그리스도께서는 우리에게 남을 위해 목숨을 버림으로써 생명감을 더 충만히 할 수 있는 삶을 제시하였다. 누구든지 자기의 목숨을 부지하는 정도의 삶을 살고자 하면 잃을 것이며, 남을 위해 목숨을 버리고자 하면 얻을 것임을 성경은 강조한다(마 16:25). 그리스도는 자기희생의 십자가를 통하여 부활의 영광에 이를 수 있었다. 이에 우리도 자신의 유익을 구치 말고 남의 유익을 위하여 살아야 할 뿐만 아니라, 자신의 배만을 위해 사는 보신주의에서 벗어나 남에 대한 사랑의 수고 속에 있는 배부름을 깨달아야 할 것이다. 미국의 신학자 거스탑슨(James Moody Gustafson)은 하나님께서는 인간을 창조하셨을 뿐 아니라 전 우주의 만물을 창조하신 분으로서, 그분은 인간을 위시한 전 창조물의 복리를 원하신다고 설명하였다. 한 인간의 생명은 다른 사람의 생명을 위해 봉사하여야 함과 동시에 자연을 포함한 전 창조물의 복리에 의해서도 제한되어야 한다는 것이다.

1995년 대구에서 가스 폭발 사고가 있었다. 아마 그 작업장 주변에 자기의 가족이 있었더라면 책임자들이 그와 같이 일을 처리하지 않았을 것이다. 또한 책임자 자신이 사고 현장 내에서 일하였다면 좀더 신중한 조치들을 내렸을 것이라 생각된다. 남의 생명을 자신의 생명의 귀중함 이상으로, 아니 오히려 자신의 생명이 남의 생명에 대한 봉사를 위해 존재한다고 하는 사실을 느끼지 못하였기 때문에 신중한 조치에 소홀하였으며, 이에 그 같은 사고가 발생되지 않았나 하는 생각을 하게 된다. 가스가 샌다는 보고에 반응하기 위해서는 노력이 필요하며 그것은 자신의 몸에는 피곤한 일이다. 또한 완전한 대비를 해 가며 공사하는 것은 더 많은 이윤을 보장하지 않는다. 덜 피곤하려고, 더 많은 이윤을 내어서 잘 살려고 공사를 대충 진행하였을 것이다. 그러한 사고는 그저 생명을 존중해야 한다는 말만으로는 충분히 예방될 수 없다. 최소한 그는 그의 생명을 더욱 보존하기 위한 방향으로 행동한 것이었다 할 수 있다. 그가 부족한 것은 자신의 피곤함을 무릅쓰고 남의 생명을 위해 봉사하여야만 했다는 데에 있다. 그가 자신의 피곤함과 박한 이윤에도 불구하고 남의 생명을 존중하는 조치를 취했다면, 그에게도 더 유익되었을 것이라 생각된다. 남을 위해 자신의 생명 에너지를 소모하는 것이 오히려 그의 생명에도 플러스가 된다는 결론이다. 당장은 남을 위해 자신의 것을 양보하는 것이 손해 보는 것 같으나 크게 보면 그렇지 않다는 것을 우리는 이러한 사건들을 통해 확인할 수 있다.

　인간에게 필요한 것은 남의 생명을 자기 생명의 무게만큼 가치 있게 느끼는 것이다. 나의 생명은 나 혼자만의 생명으로 끝나는 것이 아니다. 자신의 생명이 나를 둘러싼 많은 생명들과 연관되어 있음을 느끼는 것은 쉬운 일이 아니다. 성경은 천지를 만드신 하나님과 그의 영으로서의 성령을 통해, 전체의 생명들과의 교감을 이룰 수 있음을 말한다. 구원받은 그리스도인의 삶이란 자신의 생명만을 위한 삶이 아니며, 더 큰 하나님의 삶에 귀의하는 것임을 성경은 강조한다(갈 2:19-20). 신앙심이 깊은 사람일수록 남의 생명을 자신의 생명 돌봄만큼이나 소중히 여기게 되며, 그 자신의 생명을 우주 전체의 생명 속으로 확산한다. 그는 하나님의 생명을 분여받음을 통하여, 전체적 생명의 차원에 이르게 되는 것이다. 하나님의 영광을 위해 바쳐진 삶 속에서 그는 이웃을 향해 존재하는 자신의 삶을 영위하게 된다.

예수 그리스도는 철저히 이러한 삶을 우리에게 보이신 분이다. 그는 하나님의 명령에 자신을 드림으로써 하나님의 삶을 자신 속에서 구현하셨다. 우리는 그의 삶의 자세를 겟세마네 동산에서 하신 그의 기도를 통해 파악할 수 있다.

> "조금 나아가사 얼굴을 땅에 대시고 엎드려 기도하여 이르시되 내 아버지여 만일 할 만하시거든 이 잔을 내게서 지나가게 하옵소서. 그러나 나의 원대로 마시옵고 아버지의 원대로 하옵소서."(마 26:39)

그의 뜻을 버림에 의해 하나님의 뜻이 드러나고 있다. 이러한 철저한 자기부정의 삶 속에서 하나님의 영광과 그의 생명이 나타나고 있는 것이다. 이렇게 예수 그리스도의 생명은 하나님의 영광을 위해 바쳐진 바 되었음과 동시에 그는 그의 생명을 이웃을 위한 대속물로 증여하셨다. 그분은 자신의 생명을 부정함을 통해 자기 생명의 풍성함과 부활에 이르렀던 것이다. 성경은 네 생명을 보존하라고 명하기보다는 하나님을 사랑하고 이웃을 사랑하라고 명하고 있다. 하나님의 영광과 이웃의 생명을 위해 자신의 생명이 심각히 제한되어질 수 있음을 용인하라는 것이다. 우리의 생명을 제한하는 그 두 요인에 의해 우리의 생명이 고취되고 있다.

우리는 이러한 예수 그리스도 안에 있는 참 생명의 하나님을 믿고 있다. 그것은 자기의 생명을 부정하므로 이르게 되는 생명의 길이며 부활의 길이다.

"예수께서 이르시되 나는 부활이요 생명이니 나를 믿는 자는 죽어도 살겠고, 무릇 살아서 나를 믿는 자는 영원히 죽지 아니하리니 이것을 네가 믿느냐."(요 11:25-26)

한 번 살고 영원히 죽는 삶이 있는 반면, 한 번 죽고 영원히 사는 삶이 있음을 그리스도께서는 우리에게 가르치셨다. 오늘 우리는 이 같은 예수 그리스도의 범례와는 상반되게, 지나친 보신주의적인 삶의 양태를 영위하고 있다. 남이 어떻든 나만 잘살면 그만이라는 생각이 만연되어 있다. 그러나 그 같은 생각들은 인간 생명의 본질을 참되게 파악하지 못한 데서 나온 소치이다. 생명이란 그런 것이 아니다. 생명이란 흐름으로, 줌으로써 얻는 것이지 모아서 쌓아놓을 수 있는 성격의 것이 아니다. 샘이 흐르지 않으면 썩는 것과 같이 인간의 생명도 머물러 있으면 부패하게 된다. 그러므로 우리는 우리의 생명이 하나님을 향해, 이웃을 향해, 또한 나의 존재 깊이를 향해 흐를 수 있도록 물꼬를 잘 터주어야 한다. 잘 먹고 운동한다고 하여 생명에 이르게 되는 것이 아니다. 물론 먹는 것도 중요하다. 먹지 않으면 살 수 없다. 그러나 성경은 먹든지 마시든지 그것이 주를 위하는 일과 이웃을 위하는 일로 향해져야 함을 말한다. 먹기 위해서 살 수도 있다. 살기 위해서 먹을 수도 있다. 하지만 우리는 하나님을 위해 먹기도 하고 살기도 하는 것이다.

그러나 현재의 우리는 하나님과 이웃을 위해 나의 삶을 영위하기보다는, 자신의 생명 보존만을 위해 노력하는 것이 아닌가 하는 생각이 든다. 참 생명은 나를 위해 사는 데에 있지 않다. 남을 위해 나의 생명을 쓰는 곳에 오히려 충만해 있다.

"내가 진실로 진실로 너희에게 이르노니 한 알의 밀이 땅에 떨어져 죽지 아니하면 한 알 그대로 있고 죽으면 많은 열매를 맺느니라. 자기의 생명을 사랑하는 자는 잃어버릴 것이요, 이 세상에서 자기의 생명을 미워하는 자는 영생하도록 보전하리라."(요 12:24-25)

이웃을 사랑한다는 것은 인간적인 논리로서는 이해하기가 용이치 않다. 이웃을 위해 자신을 희생함으로써 자신의 생명을 얻게 된다는 주장은 보통의 인간 생각으로는 접근하기가 어렵다. 그것은 인간으로서는 할 수 없는 일들로서 오직 하나님께서 우리 속에서 역사하실 때에만 가능한 것들이다. 이웃 사랑은 오직 하나님의 사랑이 우리에게 부어져 우리를 강권하실 때에만 가능하다. 또한 자신을 희생하여 십자가에 달리신 예수 그리스도께서 부활하셨다는 사건을 우리가 믿을 때에만 그러한 행동을 할 수 있게 된다.

"그가 우리를 위하여 목숨을 버리셨으니 우리가 이로써 사랑을 알고 우리도 형제들을 위하여 목숨을 버리는 것이 마땅하니라."(요일 3:16)

다섯 번째 문, 몸의 문 열기

우리의 계명 실천이란 인간의 행동임과 동시에 하나님 자신의 행동으로서 우리는 인간의 이웃 사랑의 실천 속에서 하나님 스스로의 실천을 보게 된다. 하나님은 말씀을 하신 분이실 뿐만 아니라 그것을 이루시는 분이다. 자연인 그대로는 이웃을 사랑할 수 없다. 우리 모두가 죄악에 감금되어 있기 때문이다. 우리가 이웃을 사랑하려면 주님의 은혜 안에 있어야 한다. 주님께서 우리 죄를 사하시고 우리 속에 선행의 능력을 부여하실 때에만 우리는 이웃을 향한 선, 곧 사랑의 실천을 할 수 있게 된다. 그러므로 우리가 이웃에게 사랑을 실천하였다면 그것은 우리의 능력으로 한 것이 아니라, 하나님의 은혜와 능력에 의한 일이 된다. 우리가 사랑할 때 우리는 우리 안에서 그 사랑을 가능하게 하시는 하나님을 경험하게 된다. 하나님의 사랑과 역사하심이 없다면 우리는 결코 남을 사랑할 수 없기 때문이다. 사랑하는 자의 마음속엔 하나님이 자리하고 계시므로 우리가 이웃을 사랑할 때 우리는 나의 속에 있는 하나님을 감지하게 된다. 그러므로 우리는 서로 사랑함을 통하여 하나님의 존전으로 나아가게 되는 것이다.

하나님을 마음으로 사랑하는 것, 의지로서 믿는 것, 지적으로 아는 것도 중요하지만, 그 하나님의 명령을 준행하여 서로 사랑하는 것 또한 하나님을 체험하는 일에 매우 중요한 요소가 된다. 아무리 믿음이 있다고 할지라도 행함이 없다면 그것은 죽은 믿음이다(약 2:17). 하나님을 사랑한다고 하며 이웃을 사랑치 않는다면 그 사람은 거짓말하는 자이다(요일 4:20). 하나님을 아는 문제도 그렇다. 요한삼서 11절 말씀은 악을 행하는 자 곧 이웃을 해하는 자는 하나님을 뵈올 수 없음을 언급한다. 이웃을 사랑하기는커녕 이웃에게 악을 행하는 자는 결단코 주님을 만날 수도 없으며 알 수도 없음을 그 본문은 지적한다. 정서와 의지와 지성을 통하여 하나님을 만나는 것도 중요하지만, 이웃 사랑의 행동을 통해 그 하나님에 대한 사랑을 확증하는 것 또한 중요한 일이 된다.

이웃에 대한 사랑의 실천과 행동과 노동은 우리의 몸에서 나오는 것으로 이런 몸의 실천을 동반하지 않는 믿음이란 무용지물인 것을 다시 한 번 확인하게 되었다. 고린도전서 13장 8-12절은 다음과 같이 언급한다.

"사랑은 언제까지나 떨어지지 아니하되 예언도 폐하고 방언도 그치고 지식도 폐하리라. 우리는 부분적으로 알고 부분적으로 예언하니, 온전한 것이 올 때에는 부분적으로 하던 것이 폐하리라. 내가 어렸을 때에는 말하는 것이 어린아이와 같고 깨닫는 것이 어린아이와 같고 생각하는 것이 어린아이와 같다가 장성한 사람이 되어서는 어린아이의 일을 버렸노라. 우리가 지금은 거울로 보는 것 같이 희미하나 그 때에는 얼굴과 얼굴을 대하여 볼 것이요, 지금은 내가 부분적으로 아나 그때에는 주께서 나를 아신 것 같이 내가 온전히 알리라."

이 본문은 사랑의 실천이 얼마나 중요한지를 우리에게 가르친다. 몸의 실천을 통해 그것을 경험해보기 전까지의 지식은 부분적인 지식일 수밖에 없음을 말하고 있다. 그런 사람은 하나님의 얼굴을 보는 것도 희미할 뿐이다. 우리는 사랑의 실천을 통해 주님의 얼굴을 대하여 보게 되는 것이므로 그때에는 희미한 진리들이 또렷하여질 것이라 생각한다.

"어느 때나 하나님을 본 사람이 없으되 만일 우리가 서로 사랑하면 하나님이 우리 안에 거하시고 그의 사랑이 우리 안에서 온전히 이루느니라."
(요일 4:12)

하나님께서 계신지 안 계신지 의심되는 사람은 이웃 사랑의 진정한 실천을 통해 그러한 의문을 해소할 수 있을 것이라 확실히 믿는다.

 이해를 위한 질문들

1. 사랑의 행동을 통해 하나님을 느꼈던 본인의 경험들을 말해보시오.

2. 요한서신은 줄곧 영지주의(gnosticism) 이단을 비판합니다. 영지주의 이단의 문제점을 본 장이 말하는 내용과 비교하여 말해보시오(요일 4:2-3 참조). (참조: 영지주의 이단은 영과 육을 분리하여 영은 중요하게 여기고, 육은 의미 없게 생각하는 이원론을 강조하는 이단이다. 초대교회 시대에 이 이단은 영적인 지식을 가진 영적인 사람이 되는 것을 강조한 나머지 육과 그 육체의 행동에 대해서는 경홀히 여긴 바 있다. 이런 영지주의 이단은 우리의 삶을 현실로부터 유리시키기 쉽다.)

3. "하나님은 사랑이라."는 말의 의미가 무엇인지 서로 이야기해봅시다.

The Seven Gates of God's Sanctuary

요한계시록 3장 17-18절

"네가 말하기를 나는 부자라 부요하여 부족한 것이 없다 하나
네 곤고한 것과 가련한 것과 가난한 것과
눈 먼 것과 벌거벗은 것을 알지 못하는도다.
내가 너를 권하노니 내게서 불로 연단한 금을 사서 부요하게 하고
흰 옷을 사서 입어 벌거벗은 수치를 보이지 않게 하고
안약을 사서 눈에 발라 보게 하라."

여섯 번째 문

상상력의 문
하나님을 보다

문자로서의 계시와 그림으로서의 계시 : 개념화와 영상화

히브리서 1장 1절은 "옛적에 선지자들을 통하여 여러 부분과 여러 모양으로 우리 조상들에게 말씀하신 하나님"이라고 한다. 선지자를 통해 성경은 여러 모양으로 우리에게 말씀하셨다는 것이다. 하나님께서 우리 인간에게 말씀하시는 방법은 다양하다. 어떤 때는 신탁으로 자신의 뜻을 전하시고, 또한 징조와 비전을 통해서 우리에게 말씀하기도 하신다. 요한일서 1장 1절에는 다음의 말씀이 있다.

"태초부터 있는 생명의 말씀에 관하여는 우리가 들은 바요 눈으로 본 바요 자세히 보고 우리의 손으로 만진 바라."

이 본문은 우리 인간들이 하나님의 말씀을 받는 다양한 방법들에 대해 언급한다. 듣고 보고 만져서 주님의 뜻을 깨닫게 된다는 것이다. 들음의 대상은 말이요, 봄의 대상은 비전이며, 만져 느낌의 대상이 되는 것은 징조라 할 수 있다.

계시의 전달수단으로서 세 가지를 거론할 수 있다. 에스겔은 이상(vision)과 신탁(oracle)과 징조(sign)를 통하여 하나님의 계시가 전달됨을 말했다(겔 1:1, 2:1, 4:3). 하나님의 계시를 받는 방법은 이와 같이 다양하다. 비전의 형태로 볼 수 있으며, 말씀의 형태로 들을 수 있고, 몸으로 느껴 연극과 같이 표현되어질 수 있다. 여기서 요한복음서는 예수 그리스도께서 행하신 기적을 표적 곧 'sign'으로 말한다. 그러한 예수의 행동도 일종의 계시의 수단이 된다는 것이다.

이에 있어 계시록은 특히 보는 것을 강조하는 책이다. 요한계시록이라는 책 제목에서 '계시'(revelation, apocalypse, unveiling)라는 말은 이전의 감추어져 있고 알려지지 않았던 것을 드러나게 만들고 알게 만드는 것을 의미한다. 계시란 보자기에 싸여 있는 것을 펼쳐 보여준다는 의미를 갖는다. 요한복음은 계시로서 하나님의 말씀이 강조되는 반면, 요한일서는 사랑의 행동을 통한 계시의 발현을 강조하고, 요한계시록은 보는 것으로서의 이상(vision)을 중시하는 책이다. 요한복음은 오디오 스타일의 계시라면 계시록은 비디오 스타일의 계시라 할 수 있다.

백문이 불여일견이라는 말이 있다. 백 번 듣는 것이 한 번 보는 것만 못하다는 말이다. 계시록은 하나님의 자기계시를 이미지화하여 우리에게 보여주는 책으로, 보는 것의 장점을 부각한다. 우선 계시록 1장에만도 '보다'라는 동사가 일곱 번 반복된다. 우리는 이러한 계시록의 언어를 통해 보이지 않는 실체들이 가시화되는 것을 느낀다. 우리는 계시록을 볼 때마다, 삶과 신앙의 비밀들이 그와 같이 가시화되는 것에 놀라움을 금할 수 없다. 그런 의미에서 계시록의 저자를 영상예술의 천재로 말할 수도 있겠다. 아마 그가 오늘의 시대에 살았더라면 복음을 전하는 수단으로 영상매체를 선택하였으리라 추측된다. 그는 오늘날의 스필버그로서 우리는 계시록을 통해 그의 영상기술의 탁월성을 보게 된다.

계시록은 상징으로서의 이미지들을 사용하여 눈에 안 보이는 것들을 눈에 보이는 것으로 변환시키고 있다. 볼 수 있는 자에겐 그것이 있는 것이나 볼 수 없는 자에겐 없는 것이다. 아르키메데스는 목욕탕에서 바가지가 물 위에 떠 있는 것을 보고 부력의 원리를 발견하게 된다. 그는 그것을 보고 '휴레카' 곧 "나는 보았다."고 외친다. 많은 사람들이 목욕탕에서 바가지가 떠 있는 것을 보았지만, 그것을 통해 부력의 원리를 본 사람은 아르키메데스뿐이었다. 볼 수 있는 자에겐 보이는 것이지만 그것을 볼 수 없는 자에겐 부력의 원리란 없는 것이다. 아리스토텔레스는 동굴 속에서 수증기로 올라간 물이 천장에서 맺혀 떨어지는 것을 보고 비의 원리를 깨닫게 된다. 그는 '휴레카'라고 외친다. 생각이 뚜렷해질수록 영상화된다.

요한복음 12장 45절에는 다음의 말씀이 나타난다.

"나를 보는 자는 나를 보내신 이를 보는 것이니라."

이 본문은 두 가지의 봄을 우리에게 언급한다. 전자의 봄은 육의 눈으로 보는 것이며, 후자의 봄은 영의 눈으로의 봄이다. 성육신하신 예수를 통해 그의 신적인 면, 곧 하나님의 모습을 보아야 한다는 것이다. 감각적인 눈은 뜨고 사나 영적인 눈이 장님인 사람이 많다. 본질을 파악하는 것으로서의 비전과 상상력(imagination)을 우리는 회복해야 한다. 물체적 진리에서 이면의 본질적이며 영적인 진리를 발견하는 눈이 우리에게 필요하다. 계시록 중에 가장 자주 반복되는 인상적인 한 단어가 나타난다. 그것은 '볼지어다'(헬라어 '이두')로서 계시록의 성격을 규정하는 말이다.

사람들이 보지 못하는 것은 실체가 없어서가 아니라 눈이 어둡기 때문이라고 본문은 언급한다.

> "네가 말하기를 나는 부자라. 부요하여 부족한 것이 없다 하나 네 곤고한 것과 가련한 것과 가난한 것과 눈 먼 것과 벌거벗은 것을 알지 못하는도다. 내가 너를 권하노니 내게서 불로 연단한 금을 사서 부요하게 하고 흰 옷을 사서 입어 벌거벗은 수치를 보이지 않게 하고 안약을 사서 눈에 발라 보게 하라."(계 3:17-18)

많은 사람들이 영적인 소경인 상태로 지내고 있다. 예수 그리스도께서는 생전에 소경된 여러 사람들을 고치셨을 뿐 아니라, 유대 지도자들을 '소경된 인도자'로 비판하셨다(마 23:16-26). 육의 소경됨도 갑갑한 일이지만, 영의 소경됨은 자신뿐 아니라 남들에게도 커다란 피해가 된다.

볼 수 있는 자에겐 그것이 속히 일어날 일이며 바로 옆에 있는 일이다. 그러나 보지 못하는 자에겐 긴박성도 현장성도 없다.

> "또 그가 내게 말하기를 이 말은 신실하고 참된지라. 주 곧 선지자들의

영의 하나님이 그의 종들에게 반드시 속히 되어질 일을 보이시려고 그의 천사를 보내셨도다. 보라 내가 속히 오리니 이 두루마리의 예언의 말씀을 지키는 자는 복이 있으리라 하더라."(계 22:6-7)

오늘날의 우리 세계의 문제들도 그렇다. 르완다의 굶주림을 직접 본 사람과 보지 않은 사람 사이에는 느낌에서 많은 차이가 있다. 그것을 직접 보지 못한 사람은 그에 대한 이해가 아무래도 피상적일 수밖에 없다. 그러나 르완다의 참상을 직접 본 사람에게는 그들을 돕는다는 것이 더욱 긴박하고 절실한 일이 된다. 환경문제도 그렇다. 그저 책상머리에서 환경문제를 논하는 자와 환경이 파괴된 현장들을 직접 찾아다니며 보면서 환경운동을 하는 자는 같을 수가 없다. 본 자는 보지 않은 자와 다른 결단을 한다. 그러므로 영적인 일들에 대해서도 볼 수 있는 믿음을 가져야 한다.

"믿음은 바라는 것들의 실상이요 보이지 않는 것들의 증거니, 선진들이 이로써 증거를 얻었느니라."(히 11:1-2)

요한계시록의 영상성과 그림으로서의 설교

요한계시록은 계시의 전달 수단으로서 이미지 곧 비전을 통한 방식을 택하고 있다. 말로 설명하기보다는 그림과 같은 이미지를 우리에게 전달하여 줌으로써 영적인 진리를 설명하려 한다. 계시록은 교리를 그림으로 풀어 설명하는 책으로, 이 계시록엔 중심되는 몇 가지 이미지가 나타난다. 세상이란 무엇인가, 악의 실체는 무엇인가, 최후의 심판의 의미, 영적 전쟁과 하나님 나라의 비전에 대한 설명, 우리의 죄악된 모습 등에 대한 질문들을 하면서, 계시록은 그것을 하나의 그림이나 이미지로 설명하는 것이다. 물론 계시록에 나타난 중심 이미지들이 우리가 알아야 할 천상의 모든 진리들은 아닐 것이나, 그 천상의 진리들을 풀 수 있는 핵심적이며 기본되는 이미지들인 것임에 분명하다.

1) 먼저 세상의 참담한 모습을 보아야 한다

"모든 눈물을 그 눈에서 닦아 주시니 다시는 사망이 없고 애통하는 것이나 곡하는 것이나 아픈 것이 다시 있지 아니하리니 처음 것들이 다 지나갔음이러라."(계 21:4)

계시록은 인생의 험악한 모습을 세 가지 화면을 통해 설명한다. 눈물 흘림과 죽임 당함과 애곡이다. 죽임 당하는 모습에는 피 흘리는 모습과 피를 마시는 영상이 겹쳐 있다. 가난 때문에 눈물 흘리던 부모의 모습을 본 사람과 그런 경험이 없는 사람의 삶을 대하는 태도는 같은 것이 아니다. 군인에 의해 쓰러지는 시민의 피 흘림을 본 사람과 그렇지 않은 사람의 의식에는 차이가 있다. 교통사고를 당한 아내나 남편을 부둥켜 안고 애통하는 모습을 보는 것과 교통사고가 있었다는 신문 기사를 읽는 것에는 큰 차이가 있다. 삶은 결코 아름다운 것만은 아니다. 우리는 우리의 참담한 현실을 직시해야 한다. 그것을 외면하고 못 본 체해서는 안 된다. 피맺힌 한을 보아야 한다.

> "다섯째 인을 떼실 때에 내가 보니 하나님의 말씀과 그들이 가진 증거로 말미암아 죽임을 당한 영혼들이 제단 아래에 있어, 큰 소리로 불러 이르되 거룩하고 참되신 대주재여 땅에 거하는 자들을 심판하여 우리 피를 갚아 주지 아니하시기를 어느 때까지 하시려 하나이까 하니."(계 6:9-10)

의로운 자들의 염통을 뽀개 피를 퍼마시고 취해 있는 저 무리들의 악이 하늘에 사무쳤다고 말한다.

> "그의 죄는 하늘에 사무쳤으며 하나님은 그의 불의한 일을 기억하신지라."(계 18:5)

하나님은 그들의 불의를 그냥 묵과하시는 분이 아니다.

> "하늘과 성도들과 사도들과 선지자들아, 그로 말미암아 즐거워하라 하나님이 너희를 위하여 그에게 심판을 행하셨음이라 하더라."(계 18:20)

하나님은 악을 심판하여 무고히 죽임 당한 자들의 한을 푸는 분이시다. 쌓이고 쌓인 한을, 겹겹이 쌓인 한을 풀어 약한 자를 위로하시는 하나님의 모습을 계시록은 다음과 같이 영상화하였다.

"그들이 다시는 주리지도 아니하며 목마르지도 아니하고 해나 아무 뜨거운 기운에 상하지도 아니하리니, 이는 보좌 가운데에 계신 어린 양이 그들의 목자가 되사 생명수 샘으로 인도하시고 하나님께서 그들의 눈에서 모든 눈물을 씻어 주실 것임이라."(계 7:16-17)

정말로 목가적이며 평화로운 장면이다. 눈에 흐르는 눈물을 손수건을 꺼내 닦아주시는 하나님의 모습은 크리스천 화가라면 한 번 그려봄 직한 소재이다. 주요한 반전이 이곳에서도 일어난다. 곧 양이 목자가 된다는 것이다. 목자가 양을 진정 인도하려면, 양의 입장과 심정을 이해해야 한다. 양의 언어, 양의 몸짓을 그의 온 몸으로 배우기 전에 양 떼를 바로 인도한다는 것은 부질없는 일이다. 양과 혼연일체되어 양 속에서 양을 인도하는 목자, 그에 의해 인류가 푸른 초장과 생명 강가로 인도되는 그러한 그림이다.

2) 무시무시한 악의 실체를 보아야 한다

계시록은 무시무시한 악의 실체를 짐승들로 형상화하였다. 먼저는 용이 나온다.

"큰 용이 내쫓기니 옛 뱀 곧 마귀라고도 하고 사탄이라고도 하며 온 천하를 꾀는 자라. 그가 땅으로 내쫓기니 그의 사자들도 그와 함께 내쫓기니라."(계 12:9)

여기서 용은 사탄을 의미한다. SF 영화들을 가끔 본다. 지구를 침투하여 멸망시키려 하는 외계인들의 음모를 몇몇 사람들이 알아채고 격퇴한다는 내용들이 많다. 다른 사람들은 외계인을 식별하지도 못하고, 설명해도 그들의 악한 흉계를 이해하지 못한다. 하지만 일부 사람들의 영웅적인 대처를 통하여 지구가 구출된다는 내용들이다. 사탄의 존재도 이와 비슷하다. 아무리 설명하여도 그것의 실체를 판별치 못하는 사람들이 많다. 그러나 안목이 있는 사람은 그들의 움직임과 활동을 본다.

다음으로 그들의 하수인 격인 악한 독재정부, 곧 짐승을 볼 수 있어야 한다.

"내가 보니 바다에서 한 짐승이 나오는데 뿔이 열이요 머리가 일곱이라. 그 뿔에는 열 왕관이 있고 그 머리들에는 신성 모독 하는 이름들이 있더라. 내가 본 짐승은 표범과 비슷하고 그 발은 곰의 발 같고 그 입은 사자의 입 같은데 용이 자기의 능력과 보좌와 큰 권세를 그에게 주었더라."
(계 13:1-2)

정부의 유익도 있지만 폐해도 만만치 않다. 정치가들이 자제하여 선정을 베풀기가 쉽지 않으며, 백성들의 짐이 될 때가 허다하다. 국가와 국가 간의 관계에서는 더욱 짐승과 같을 때가 많다. 자국의 유익을 위해서는 어떠한 부정의한 일들도 불사하는 경우를 종종 보게 된다. 하나님과 신의 통치 밑에 자기를 복속시키지 않고, 세속적인 권력 원리에 머리 숙일 경우 정부는 타락할 수밖에 없다. 북한의 경우에서 보는 대로 통치기관이 악한 세력의 중심축이 되어서는 곤란할 것이다. 세 번째 악의 실체는 거짓 선지자 곧 적그리스도이다.

"또 내가 보매 개구리 같은 세 더러운 영이 용의 입과 짐승의 입과 거짓 선지자의 입에서 나오니, 그들은 귀신의 영이라 이적을 행하여 온 천하 왕들에게 가서 하나님 곧 전능하신 이의 큰 날에 있을 전쟁을 위하여 그들을 모으더라."(계 16:13-14)

여기에서의 거짓 선지자란 거짓된 영적 세력을 말한다. 그들은 사탄의 심부름꾼으로서 사람들을 종교적으로 미혹하는 것이다.

3) 하나님의 준엄한 심판을 보아야 한다

두 눈 뜨고 볼 수 없는 일들이 이 세상에서 벌어지고 있다. 이러한 세상의 악에 분노치 않는다면 그는 눈 뜨고 사는 자라고 볼 수 없다. 하나님은 이러한 악에 대해서 심판하시는 분이시며, 우리는 이에 심판주 되시는 그리스도를 보아야 한다. 계시록은 심판의 장면을 세 가지 그림으로 묘사한다. 추수와 생명책과 유황불 못이 그것이다. 계시록 14장 14-20절은 낫을 들고 세상을 추수하는 인자와 천사의 모습을 그리고 있다. 이 본문의 전반부는 인자 같으신 이가 흰 구름에 앉아 다 익어 희어진 곡식들을 거두는 모습을 표현한다. 후반부에는 불의 천사의 명령에 따라 포도가 진노의 포도주 틀에 가두어져 밟히는 모습을 그리고 있다(사 63:1-6). 앞의 장면은 알곡과 같은 성도들을 모아 창고에 거두어들이는 장면이며, 후반은 사악한 자들을 심판하시는 모습이라 할 수 있다. 앞의 주된 색조는 흰색이며, 뒷부분의 주된 색조는 붉은색이다. 계시록에서 하얀 색조는 평화와 승리의 색조이다. 그러나 붉은색은 전쟁과 고통과 재난의 의미를 담고 있다. 이사야는 심판의 모습을 포도주 틀을 밟은 자의 옷과 같다고 하였다. 피가 튀어 그가 입은 온 옷을 물들인다. 포도주 틀에서 밟힌 포도가 선혈이 되어 온 대지를 흥건하게 적시고 있다(계 19:15).

> "짐승이 잡히고 그 앞에서 표적을 행하던 거짓 선지자도 함께 잡혔으니 이는 짐승의 표를 받고 그의 우상에게 경배하던 자들을 표적으로 미혹하던 자라. 이 둘이 산 채로 유황불 붙는 못에 던져지고."(계 19:20)

게헨나를 상징하는 그 유명한 유황불 못의 장면도 악에 대한 심판을 우리에게 각성시킨다. 붉은 유황불이 악한 자를 집어삼키고 있다.

그것은 영원히 꺼지지 않는 불길로서 그들의 고통 또한 영원할 수밖에 없다.

"또 그들을 미혹하는 마귀가 불과 유황 못에 던져지니 거기는 그 짐승과 거짓 선지자도 있어 세세토록 밤낮 괴로움을 받으리라."(계 20:10)

세 번째 심판의 이미지는 생명책이다.

"또 내가 크고 흰 보좌와 그 위에 앉으신 자를 보니 땅과 하늘이 그 앞에서 피하여 간데 없더라. 또 내가 보니 죽은 자들이 무론대소하고 그 보좌 앞에 섰는데 책들이 펴 있고 또 다른 책이 펴졌으니 곧 생명책이라. 죽은 자들이 자기 행위를 따라 책대로 기록된 대로 심판을 받으니……누구든지 생명책에 기록되지 못한 자는 불못에 던지우더라."(계 20:11-15)

인간의 모든 행위가 다 기록되고 있다고 계시록은 말한다. 우리의 모든 행위들이 하늘에서 녹화되고 있다. 정확히 저장되어 종말에 가서 그 기록에 따라 심판을 받게 된다. 그리스도께서 흰 보좌에 앉으시고 천국에 갈 자와 불못에 던질 자를 판가름하실 것이다. 필자는 요한계시록을 볼 때마다, 어린 아이들의 신앙교육을 위한 그림책을 만들고 싶은 마음이 생기곤 한다. 계시록 속에 시청각 교재의 아이디어가 있다.

4) 영적 전쟁을 볼 수 있어야 한다

"마귀의 간계를 능히 대적하기 위하여 하나님의 전신 갑주를 입으라. 우리의 씨름은 혈과 육을 상대하는 것이 아니요 통치자들과 권세들과 이 어둠의 세상 주관자들과 하늘에 있는 악의 영들을 상대함이라. 그러므로 하나님의 전신 갑주를 취하라 이는 악한 날에 너희가 능히 대적하고 모든 일을 행한 후에 서기 위함이라. 그런즉 서서 진리로 너희 허리 띠를 띠고 의의 호심경을 붙이고, 평안의 복음이 준비한 것으로 신을 신고, 모든 것 위에 믿음의 방패를 가지고 이로써 능히 악한 자의 모든 불화살을 소멸하고, 구원의 투구와 성령의 검 곧 하나님의 말씀을 가지라."(엡 6:11-17)

위 본문은 우리의 궁극적인 적이 인간이 아님을 말한다. 우리의 적은 같은 직장의 동료가 아니다. 직장의 동료는 타 기업체와의 경쟁을 위해 힘을 합쳐야 할 대상이다. 그렇다고 우리 옆의 기업의 사원들도 우리의 적이 될 수는 없다. 우리는 그들과 합하여 외국의 기업체를 상대로 경쟁을 벌여야 한다. 외국의 사람들도 우리의 궁극적인 적은 아니다. 우리는 인류의 복지를 위하여 그들과 협력하여야 할 많은 일을 알고 있다. 성경은 우리의 궁극적인 적이 인간이 아니라, 악한 영 마귀임을 인지시킨다. 마귀가 우리의 진정한 적이라는 것이다. 우리는 그와 대적하여 인류의 안보를 위해 싸워야 한다. 마귀는 때려도 죄가 되지 않는다. 마귀를 욕하는 것도 유죄가 아니다. 마귀를 없애기 위해 온갖 수단을 동원하여도 그것이 폭력이라 볼 수 없다. 마귀는 우리의 모든 무기를 동원하여 대적하여야 할 적이다.

> "이 같은 환상 가운데 그 말들과 그 위에 탄 자들을 보니 불빛과 자줏빛과 유황빛 호심경이 있고 또 말들의 머리는 사자 머리 같고 그 입에서는 불과 연기와 유황이 나오더라. 이 세 재앙 곧 자기들의 입에서 나오는 불과 연기와 유황으로 말미암아 사람 삼분의 일이 죽임을 당하니라."
> (계 9:17-18)

영적 전쟁의 모습을 리얼하게 하기 위해, 계시록은 전쟁 장면을 설정하였다. 곧 불과 유황과 연기를 자욱하게 배경에 깔면서 전쟁의 분위기를 고취하였던 것이다. 유황이란 오늘로 말하면 화약 냄새 정도가 될 것으로 보인다.

> "하늘에 있는 군대들이 희고 깨끗한 세마포 옷을 입고 백마를 타고 그를 따르더라."(계 19:14)

적군은 유황빛 자줏빛 불빛의 갑옷을 입고 있는 반면, 아군은 하얀 세마포 옷을 입었다고 하였다. 갑옷과 세마포, 번쩍번쩍한 옷과 하얀 색의 옷이 대비된다.

한국 영화 가운데 '돌아오지 않는 해병'이란 유명한 전쟁 영화가 있다. 어릴 적에 보며 전쟁의 무서움에 몸서리쳤다. 계시록의 전쟁 장면 묘사는 실로 경탄할 만한 것이 많다. 그 중 바벨론 성의 함락 장면 묘사는 일대 장관을 이룬다.

> "그러한 부가 한 시간에 망하였도다. 모든 선장과 각처를 다니는 선객들과 선원들과 바다에서 일하는 자들이 멀리 서서, 그가 불타는 연기를 보고 외쳐 이르되 이 큰 성과 같은 성이 어디 있느냐 하며, 티끌을 자기 머리에 뿌리고 울며 애통하여 외쳐 이르되 화 있도다 화 있도다 이 큰 성이여 바다에서 배 부리는 모든 자들이 너의 보배로운 상품으로 치부하였더니 한 시간에 망하였도다. 하늘과 성도들과 사도들과 선지자들아, 그로 말미암아 즐거워하라. 하나님이 너희를 위하여 그에게 심판을 행하셨음이라 하더라. 이에 한 힘 센 천사가 큰 맷돌 같은 돌을 들어 바다에 던져 이르되 큰 성 바벨론이 이같이 비참하게 던져져 결코 다시 보이지 아니하리로다."(계 18:17-21)

바다 멀리 저편에 연기를 내며 가라앉는 큰 성의 몰락에 대한 표현은 모든 전쟁 영화들의 모범이 되어 왔다고 생각한다. 하늘과 땅이 울리는 전쟁, 번개와 뇌성이 있고 큰 지진이 땅을 가르는 장면(계 16:18) 등은 그러한 영적 전쟁의 현실성을 우리에게 전하고 있다. 마지막으로 최후의 가장 큰 영적 전쟁으로서의 아마겟돈 전쟁에 대하여 말하여야겠다. 신자는 이 세상의 많은 악과 싸우며 산다. 그 악을 극복하기 위해서는 악의 실체를 분명히 알아야 한다. 내가 상대하고 있는 악이 무엇인지, 그것의 특성은 무엇인지 정확히 아는 것이 필요하다. 악과 싸우는 중 악의 실체는 점점 분명하게 되고, 그러한 싸움은 하나의 큰 전쟁으로 귀착되기 마련이다. 여태껏 산발적으로 상대하여 온 악들이 각각 별개의 것들이 아니며, 하나의 전체적인 구조를 하고 있다는 것을 인식하게 된다. 악에 대한 인류 전체의 싸움도 이와 같다. 그 싸움은 점점 증폭되어 아마겟돈의 전쟁터로 가게 되는 것이다.

5) 하나님 나라의 비전을 보아야 한다

우리는 보통 하나님의 나라를 말할 때, 하나님의 통치가 편만한 정의와 평화의 나라로 표현한다. 그러나 계시록은 그러한 상념적인 말로 하늘나라를 표현하지 않는다. 계시록 21장은 눈에 보이는 듯한 이미지를 사용하여 하나님 나라의 모습을 그리고 있다. 남편을 위해 단장한 신부 같다거나, 새 예루살렘성이라거나, 생명강이 흐르고 그 옆으로는 생명나무가 자라는 것으로 묘사한다.

그 하나님의 나라는 온갖 보석으로 꾸며진 보석궁전이다.

"그 성곽은 벽옥으로 쌓였고 그 성은 정금인데 맑은 유리 같더라. 그 성의 성곽의 기초석은 각색 보석으로 꾸몄는데 첫째 기초석은 벽옥이요 둘째는 남보석이요 셋째는 옥수요 넷째는 녹보석이요 다섯째는 홍마노

요 여섯째는 홍보석이요 일곱째는 황옥이요 여덟째는 녹옥이요 아홉째는 담황옥이요 열째는 비취옥이요 열한째는 청옥이요 열두째는 자수정이라. 그 열두 문은 열두 진주니 각 문마다 한 개의 진주로 되어 있고 성의 길은 맑은 유리 같은 정금이더라."(계 21:18-21)

필자는 러시아 상트페테르부르크 근교에 있는 여름궁전을 방문한 적이 있다. 그곳을 둘러보며 그 궁전의 휘황함에 어리둥절하였다. 그러나 아무리 좋다고 하여도 계시록의 궁전과는 비교할 바는 못될 것이다. 이어서 계시록은 생명강과 나무가 있는 곳을 천국으로 묘사한다.

"또 그가 수정 같이 맑은 생명수의 강을 내게 보이니 하나님과 및 어린 양의 보좌로부터 나와서, 길 가운데로 흐르더라 강 좌우에 생명나무가 있어 열두 가지 열매를 맺되 달마다 그 열매를 맺고 그 나무 잎사귀들은 만국을 치료하기 위하여 있더라. 다시 저주가 없으며 하나님과 그 어린 양의 보좌가 그 가운데에 있으리니 그의 종들이 그를 섬기며, 그의 얼굴을 볼 터이요 그의 이름도 그들의 이마에 있으리라. 다시 밤이 없겠고 등불과 햇빛이 쓸 데 없으니 이는 주 하나님이 그들에게 비치심이라 그들이 세세토록 왕 노릇 하리로다."(계 22:1-5)

오늘과 같이 강물이 오염된 시대에 생명강이라는 표현이 더욱 실감난다. 그 속의 물고기가 죽고 온갖 생물이 살지 못하는 강물 천지인 나라에서, 생명을 살리며 시원히 흐르는 강물의 이미지는 시사하는 바가 크다. 하나님의 나라를 이데올로기를 동원하여 표현한 것보다, 하나의 메타포를 사용하여 묘사한 계시록의 표현은 이데올로기의 시대가 종언을 고하는 오늘에 더욱 적격이라고 생각한다.

6) 우리의 죄악된 행위를 볼 수 있어야 한다

계시록은 인간의 죄된 모습을 잠은 잔다, 옷을 벗었다, 눈이 어둡다는 이미지를 사용하여 설명한다. 옷을 벗은 수치, 잠을 자는 의식마비, 영적인 소경됨에서 우리는 돌이켜야 한다. 계시록 3장 17-19절에는 다음과 같은 말씀이 있다.

> "네가 말하기를 나는 부자라. 부요하여 부족한 것이 없다 하나 네 곤고한 것과 가련한 것과 가난한 것과 눈먼 것과 벌거벗은 것을 알지 못하는도다. 내가 너를 권하노니 내게서 불로 연단한 금을 사서 부요하게 하고 흰 옷을 사서 입어 벌거벗은 수치를 보이지 않게 하고 안약을 사서 눈에 발라 보게 하라. 무릇 내가 사랑하는 자를 책망하여 징계하노니 그러므로 네가 열심을 내라 회개하라."

이 본문은 회개한다는 내용을 옷을 입는다, 눈에 안약을 바른다 등의 개념을 사용하여 표현하고 있다. 또한 3장 3절의 말씀에서는 그리스도께서 도적같이 오시기 때문에 깨어 있을 것을 말한다. 잠자는 신앙이 되어서는 안 된다. 깨어 있어 신랑이 오실 것을 준비한 열 처녀와 같이 등에 기름을 준비하고 예비하는 신자들이 되어야겠다. 깨어 등불을 준비하여야 할 뿐만 아니라, 우리는 천국 잔치에 참여하기 위해 흰 세마포 예복 준비가 필요하다. 마태복음 22장에서는 예수께서 예복을 입지 않고 잔치에 온 사람들을 쫓아내시는 장면이 기록되어 있다. 우리는 천국에 들어가기 위해 우리의 행실을 바르게 할 뿐만 아니라, 기존에 지은 우리의 죄들을 하나님 앞에서 회개하여 청결함을 받아야 할 것이다. 계시록은 그릇된 행위를 보기 위하여 영적인 시력이 회복되어야 함을 특별히 강조한다. 볼 수 있는 자에게는 자신의 죄악이 확실한 현실이나, 볼 수 없는 자에게는 모든 것이 환상일 따름이다.

메타이미지로서의 성경의 계시

1) 메타이미지와 특별계시 그리고 일반계시

필자는 여태까지 계시록이 제시하는, 인간들이 보아야 할 이미지를 크게 여섯 가지로 나누어 설명하였다. 물론 그것이 신자가 보아야 할 영적인 모든 것들이라고는 생각하지 않는다. 그러나 계시록이 제시하는 이러한 이미지들이 우리의 영적 이미지 훈련을 위해 중요한 것이라고 생각한다. 계시록이 제시한 기본되는 이미지들을 훈련함으로써 우리는 여타의 이미지 해독에 유리한 위치를 점하게 된다. 그러므로 계시록이 제시하는 이미지들은 우리가 보아야 할 것들의 하나임과 동시에 우리의 이미지를 훈련하는 일종의 메타이미지(meta-image)인 것이다.

이러한 이미지와 메타이미지의 관계는 계시와 메타계시와의 관계로도 연장될 수 있다. 우리는 보통 계시를 특별계시와 일반계시로 구분하면서, 성경의 계시를 특별계시로 분류한다. 성경의 계시는 특별계시 곧 메타계시인 바, 일반계시를 해석할 수 있는 도구를 우리 손에 쥐여준다. 메타이미지도 마찬가지다. 메타이미지란 우리가 다른 이미지를 대할 때, 그것을 해석하는 틀을 제시하는 이미지라 할 수 있다. 성경은 우리에게 고기를 잡아주는 책이 아니다. 성경은 인간에게 우리의 삶을 신앙적으로 해석할 수 있는 틀을 제공하는, 일종의 고기 잡는 방법(method)을 가르쳐주는 책이다. 우리는 이러한 성경의 메타이미지를 가지고 우리의 삶 속에서 만나는 여타의 이미지들을 해석할 수 있게 된다는 것이다.

2) 우리의 삶에 결정적 영향을 주는 메타 이미지들

수학의 덧셈 뺄셈을 배울 때를 생각해보자. 모든 덧셈과 뺄셈의 문제를 다 풀어보아야, 덧셈과 뺄셈을 마스터하게 되는 것은 아니다. 덧셈과 뺄셈에서 기본 유형의 문제들을 풀어보면, 우리는 다른 문제들도 풀 수 있게 된다. 이와 같이 우리의 삶과 연관된 모든 이미지를 다 해석해 보아야 삶에서 야기되는 이미지들을 다 해석하게 되는 것은 아니다. 주요한 몇 가지의 이미지들에 대한 해석의 능력이 생기면, 그에 유추하여 다른 이미지들도 해석할 수 있는 능력을 갖게 되는 것으로, 우리는 이 같은 기본 이미지들을 메타이미지로 부를 수 있다.

필자가 생각하는 우리의 삶에서의 기본적인 메타이미지들엔 다음과 같은 것들이 있다. 하나님상, 부모님상, 자아상, 남성상과 여성상, 아름다운 자연상, 가정상, 교회상, 천국상, 종말상 등이다. 예를 들어 부모님상은 한 사람의 인생에 큰 영향을 준다. 술만 먹고 폭력을 행하는 부모님 밑에서 자란 아이와 가정을 끔찍이 돌보았던 부모님 밑에서 자란 아이와의 부모님에 대한 이미지는 같은 것일 수 없으며, 그의 이런 부모상은 그의 삶 전반에 큰 영향을 미치기 마련이다.

우리의 머릿속에 항상 좋은 이미지들을 간직하고 산다는 것은 우리의 삶에 아주 중요한 힘이 된다. 아름다운 추억을 좋은 이미지로 간직하며 사는 것이 필요하다. 소중한 여행의 추억, 소중한 물건의 간직, 소중한 사람의 이미지 등을 가진 사람과 그런 좋은 이미지나 추억들이 없는 사람의 삶을 대하는 태도는 크게 다를 것이라 생각된다. 앞에서 우리는 요한계시록이 제공하는 메타이미지에 대해 살펴보았다. 기독교교육을 통해 우리는 이런 핵심적 메타이미지들을 학습자들에게 각인하는 노력을 수행하여야 할 것이라 생각한다.

3) 참 빛으로서의 예수 그리스도

계시록은 예수 그리스도를 다음의 이미지들을 사용하여 표현한다. 그것들은 밝은 태양, 죽임 당한 어린양, 백마를 타고 오시는 분으로 묘사되는 데 이는 성부 하나님의 영광을 지닌 분, 구속자의 이미지, 심판자의 이미지와 관련된다.

먼저 밝은 태양이라는 이미지가 그리스도를 지칭하는 데 사용된다.

"촛대 사이에 인자 같은 이가 발에 끌리는 옷을 입고 가슴에 금띠를 띠고, 그의 머리와 털의 희기가 흰 양털 같고 눈 같으며 그의 눈은 불꽃같고, 그의 발은 풀무 불에 단련한 빛난 주석 같고 그의 음성은 많은 물소리와 같으며, 그의 오른손에 일곱별이 있고 그의 입에서 좌우에 날선 검이 나오고 그 얼굴은 해가 힘 있게 비치는 것 같더라."(계 1:13-16)

계시록은 서두를 시작하면서 그리스도를 태양의 이미지를 통해 강조하고 있다. 빛이 없으면 우리들은 사물을 볼 수가 없다. 아무리 아름다운 광경이 있다고 하여도 밤에는 그것을 감상할 수 없다.

필자는 이미 계시록이 '보다' 라는 동사에 초점이 맞추어져 있음을 말했다. 우리의 영적인 눈이 성하다고 하여도 그리스도의 빛이 없으면 만물의 본질을 볼 수 없게 된다. 그러므로 보라고 말하는 주의 명령 속에는 내가 너희로 하여금 보게 하겠다는 주님의 의지도 포함되어 있다. 새가 아무리 강한 날개를 가지고 있을지라도 공기가 없으면 날 수 없는 것과 같이, 그리스도의 비추심이 없다면 우리는 아무 것도 볼 수 없을 것이다. 미국에 있으면서 켄터키주에 있는 매머드 동굴을 들른 적이 있다. 안내자를 따라 커다란 동굴 속으로 한참을 들어갔다. 안내

자는 깊은 곳에서 우리 일행 모두를 멈추게 하였다. 곧 주변을 밝히던 불이 꺼졌다. 나는 그때 빛이 없으면 아무 것도 볼 수 없음을 실감했다. 바로 내 손을 앞에 두고도 필자는 그것을 볼 수 없었다.

우리가 어떤 것을 보기 위해서는 세 가지 요소가 필요하다. 보이는 대상과, 그 대상을 밝혀주는 빛과, 그것을 볼 수 있는 우리의 눈이다. 그리스도의 계시의 빛이 없으면 우리는 어떤 대상도 참되게 볼 수 없다. 계시록은 마지막 22장에서 이 빛에 대해 다시 서술한다.

"다시 밤이 없겠고 등불과 햇빛이 쓸 데 없으니 이는 주 하나님이 그들에게 비치심이라 그들이 세세토록 왕 노릇 하리로다."(계 22:5)

그리스도의 영광이 주 하나님의 영광과 교차하고 있다.

둘째, 죽임 당한 어린양이라는 이미지가 있다. 이 이미지는 구속자 그리스도를 형체화한다.

"큰 음성으로 이르되 죽임을 당하신 어린 양은 능력과 부와 지혜와 힘과 존귀와 영광과 찬송을 받으시기에 합당하도다 하더라. 내가 또 들으니 하늘 위에와 땅 위에와 땅 아래와 바다 위에와 또 그 가운데 모든 피조물이 이르되 보좌에 앉으신 이와 어린 양에게 찬송과 존귀와 영광과 권능을 세세토록 돌릴지어다 하니."(계 5:12-13)

우리는 이 어린양의 이미지를 통하여, 순결과 복종과 희생의 의미를 깨닫게 된다. 그 약할 것 같은 어린양에게 온갖 영광과 능력이 주어진다. 그것에서 우리는 하나님의 형상을 비우시고 이 땅에 오셔서 섬기는 자의 형태를 취하신 그리스도의 모습을 읽게 된다. 약할 그때 우리는 강한 것이다. 그 하나님의 능력은 약한 자 안에 있는 능력이다.

세 번째로 백마를 타신 분으로서의 그리스도의 이미지가 제시된다.

"또 내가 하늘이 열린 것을 보니 보라 백마와 그것을 탄 자가 있으니 그 이름은 충신과 진실이라. 그가 공의로 심판하며 싸우더라. 그 눈은 불꽃 같고 그 머리에는 많은 관들이 있고 또 이름 쓴 것 하나가 있으니 자기밖에 아는 자가 없고, 또 그가 피 뿌린 옷을 입었는데 그 이름은 하나님의 말씀이라 칭하더라. 하늘에 있는 군대들이 희고 깨끗한 세마포 옷을 입고 백마를 타고 그를 따르더라. 그의 입에서 예리한 검이 나오니 그것으로 만국을 치겠고 친히 그들을 철장으로 다스리며 또 친히 하나님 곧 전능하신 이의 맹렬한 진노의 포도주 틀을 밟겠고, 그 옷과 그 다리에 이름을 쓴 것이 있으니 만왕의 왕이요 만주의 주라 하였더라."(계 19:11-16)

백마를 탔다는 것은 어린양의 이미지와는 다른 어떤 것이다. 어린양은 약한 모습을 상징하는 것으로 이 세상에 오셔서 힘없는 모습으로 십자가에 달리신 그리스도의 모습을 연상케 한다. 그러나 다시 오시는 그리스도는 심판자로서의 강한 면모를 하고 계심을 계시록은 말한다.

그는 말씀으로 이 세상을 심판하며 통치하실 분이시다.

이러한 태양과 어린양과 백마를 탄 자, 세마포를 입은 자, 흰 보좌(계 20:11) 등의 이미지들에는 하나의 공통점이 있다. 그것들이 모두 흰색이라는 것이다. 흰색은 순결과 승리와 영광을 의미한다. 우리는 영화관의 스크린이 흰색이라는 것을 잘 알고 있다. 영사기의 빛이 흰색에 쏘아질 때에만 가장 또렷한 영상을 얻을 수 있다. 우리는 그리스도라는 스크린을 통해 이 세상의 온갖 영적 실체들을 볼 수 있게 된다. 계시록은 그리스도를 알파와 오메가요 이제도 있고 전에도 있으며 장차 오실 영원한 왕으로 묘사한다(계 1:8, 10:6, 22:13). 그리스도는 과거와 현재와 미래에 계시는 영원하신 분으로 그분에 의해 현세의 일시적인 것들이 드러나게 된다. 오늘의 현실이 역사로서의 현실이 될 때 바로 투사되는 것으로, 영원의 시야는 우리에게 그러한 역사성을 제공한다. 이런 의미에서 역사성이란 영원과 시간의 만남에서 분출하는 것임을 알 수 있다.

여섯 번째 문, 상상력의 문 열기

여섯 번째의 문은 상상력의 문이다. 인간이 가지고 있는 상상력을 통해 우리는 물체적 진리에서 영적인 진리들을 보게 된다. 언어에 의해 하나님의 계시가 전달될 수도 있지만, 이미지와 비전을 통해 영적인 진리가 우리에게 계시될 수도 있다. 영적 진리들은 인간의 이성에 의해 포착되기가 쉽지 않다. 상상력은 이런 보이지 않는 영적인 진리들을 가시적인 상으로 만들어내는 인간의 능력인 것이다.

예를 들어 오늘을 사는 우리로서는 천국을 실제로 경험할 수 없다. 천국은 인간이 죽은 후 이를 수 있는 곳으로 오늘의 삶 속에서는 경험이 불가능하다. 그러나 상상의 힘은 그러한 천국을 오늘의 우리가 느낄 수 있는 가시적 이미지로 그려낸다. 요한계시록은 천국을 생명강과 생명나무가 있는 곳, 황금보석으로 꾸민 집, 단장한 신부와 같은 모습이라는 세계 내재적 상을 통해 우리에게 보여주고 있다. 물론 영적이며 초월적인 실체를 이 같은 현상 세계의 내용으로 표현한다는 것에 한계가 있지만, 상상력은 그 초월적 세계를 오늘의 경험의 세계와 연결해주는 힘을 가지고 있는 것이다. 그런 의미에서 성경의 전체적 계시의 내용에는 이 같은 상상력이 개입해 있다고 볼 수 있다.

그럼에도 요한계시록의 상상력 수준은 다른 성경의 책들의 그것과 비교된다. 다른 책들은 영적인 진리를 이성에 호소하여 논리적으로 설명하려 하지만, 요한계시록은 그 내용을 논리적으로 설명하려 하기보다는 하나의 상으로 전달함으로써 논리가 풀어낼 수 있는 진리의 한계를 극복하고 있다.

성경에 나타나는 초월적 진리의 내용들은 우리가 이 현상계에서 경험할 수 있는 내용들이 아닌 것으로, 하늘로부터 우리에게 자극되지 않는다면 깨칠 수 없는 진리들이다. 그러므로 기독교의 상상력은 인간 자체의 상상의 힘에 의해 전개된 것이라기보다는, 하나님께서 위로부터 주시는 계시에 의한 것이라고 할 수 있다. 이와 같이 성경의 상상력은 일종의 계시적 상상력으로서 우리의 경험 세계를 초월적 세계로 이끄는 힘을 지니는 것이다.

하나님께서는 언어나 느낌을 통해 우리에게 계시를 주기도 하시지만, 이 같은 비전과 이미지를 통해 우리에게 그의 계시를 주기도 하신다. 이와 같이 요한계시록은 오디오 스타일의 계시라기보다는 비디오 스타일의 계시를 우리에게 부여한다. 소설의 이야기로써 표현할 수도 있지만 하나의 그림을 그려 자기가 하고 싶은 이야기를 표현할 수도 있는 것으로, 요한계시록은 후자의 방법을 취하고 있는 것이다. 요한계시록을 통해 전달되는 하늘의 이미지들을 감상할 수 있다는 것은 우리에게 또 하나의 큰 축복이다.

이해를 위한 질문들

1. 영적인 진리를 하나의 그림과 같이 묘사하는 내용들을 성경에서 찾아보시오.

2. 요한복음은 예수 그리스도를 참 빛으로 표현한다(요 1:4). 그 말의 의미를 말해보시오.

3. 자기의 삶에 큰 영향을 미쳤던 자신의 뇌리에 각인된 삶의 장면들에 대해 말해보시오.

The Seven Gates of God's Sanctuary

The Seven Gates of God's Sanctuary

출애굽기 3장 14절
"하나님이 모세에게 이르시되
나는 스스로 있는 자이니라. 또 이르시되
너는 이스라엘 자손에게 이같이 이르기를
스스로 있는 자가 나를 너희에게 보내셨다 하라."

일곱 번째 문

영의 문
하나님을 경험하다

나는 스스로 있는 자니라

출애굽기 3장 14절의 본문이다.

"하나님이 모세에게 이르시되 나는 스스로 있는 자니라. 또 이르시되 너는 이스라엘 자손에게 이 같이 이르기를 스스로 있는 자가 나를 너희에게 보내셨다 하라."

이 본문은 성경 전체로 볼 때 아주 중요한 구절이다. 주님이 모세를 처음 만나 자신이 하시고자 하는 구원의 사역을 미리 알리시는 장면이다. 오늘의 본문 중 주목되는 부분은 '나는 스스로 있는 자' 라는 문장이다. 이 말의 뜻에 대해 독일 성서신학자들이 많이 연구한 바 있다. 히브리어로 '에흐예[I am] 아쉐르[who, 관계대명사] 에흐예[I am].' 로 되어 있으며, 영어로 하면 'I am who I am.' 또는 'I am that I am.' 정도로 번역된다. 독일학자들의 연구 결과 이 말은 '나는 나다.' 라는 뜻을 의미하는 것으로 파악되었다. 공동번역은 이 부분을 '나는 나다.' 라고 번역하였는데 그러한 연구결과를 잘 반영한 번역인 것으로 생각된다.

이 본문의 모세와 하나님과의 대화를 다음과 같이 재현해볼 수 있다. 모세는 하나님께 그의 이름에 관해 물었다. 그러한 모세의 질문에 하나님께서는 "나는 나다."라고 대답하신다. 하나님께서는 당신이 누구냐라는 모세의 질문에 대답하지 않으신 것이다. 하나님께서는 "너는 누구냐?"라는 질문의 대상이 될 수 없기 때문이다. 우리는 하나님을 설명으로 알게 되는 것이 아니다. 하나님께서 모세에게 당신에 대해 길게 설명하였다고 해도 모세는 하나님을 파악할 수 없었을 것이다. 하나님은 우리를 초월하여 계신 분으로 우리에게 은폐되어 있음을 출애굽기는 강조한다.

초월하신 하나님

출애굽기 20장 4절의 말씀은 이런 알 수 없는 하나님을 다음과 같이 설명한다.

"너를 위해 새긴 우상을 만들지 말고 위로 하늘에 있는 것이나 아래로 땅에 있는 것이나 땅 아래 물속에 있는 것의 아무 형상이든지 만들지 말며."

하나님은 하늘과 땅 등의 자연을 초월하여 계시며, 또한 인간의 생각을 초월하여 계신 분이시다. 그러므로 자연 속에 하나님이 계신다는 범신론(pantheism)이나, 우리의 이성을 하나님으로 여기는 이신론(deism) 등은 타당하지 않다.

우리는 그 하나님을 우리의 입장에서 이미지화하고 정의하려 해서는 안 된다. 하나님은 언제나 우리의 생각을 뛰어넘으시는 분이다. 이에 우리의 하나님에 대한 고정관념이 오히려 하나님에 대한 진정한 이해를 방해하기도 한다. 우리는 하나님을 자신의 입장에서 생각할 때가 많다. 편파적 하나님에 대한 이미지로서 경찰관 이미지가 있다. 하나님을 경찰관 이미지로 보는 사람은 죄를 지었을 때에만 하나님이 생각난다. 두 번째로 어떤 사람에겐 위급한 순간에만 하나님이 마음에 떠오른다. 소방관 이미지로 하나님의 이미지가 고정되어 있는 것이다. 셋째로 또 다른 사람에겐 하나님이 우리를 그저 즐겁게만 해주는 분으로 고정되기도 한다. 스포츠맨과 같이 하나님을 보는 것이다. 넷째로 어떤 사람은 하나님을 공상의 세계에 계신 분으로 현실과는 무관한 분으로 생각한다. 일종의 우주인으로 하나님을 생각하는 것이다.

　이러한 하나님에 대한 우리의 선입견과 이미지들이 우리의 진정한 하나님 이해를 방해할 수 있다. 우리는 그 하나님을 바르게 알기 위해, 우리의 생각과 이미지를 포기하고 하나님께서 우리에게 펼쳐 보이시는 계시에 귀 기울여야 한다. 우리는 우리의 작은 머리에 하나님의 전 개념을 담을 수 없다. 그 하나님은 알 수 없는 하나님이시다. 만질 수도 없고 파악할 수도 없는 분으로, 그 하나님은 우리 인간의 생각을 초월하여 계신 분이시다.

　우리가 보통 하나님을 '여호와' 라 언급한다. 정확한 발음으로는 '야웨' 다. '야웨' 란 말은 '에흐예' 와 어근이 같다. 출애굽기 3장 14절의 "하나님이 모세에게 이르시되 나는 스스로 있는 자이니라 또 이르시되 너는 이스라엘 자손에게 이같이 이르기를 스스로 있는 자가 나를 너희에게 보내셨다 하라."라는 본문에서 뒷부분의 '스스로 있는 자' 라는 구절은 '에흐예'를 번역한 것으로, '나는 (   )이다.'를 의미한다. 또한 15절의 시작 단어 '하나님'은 히브리어 성경에 '야웨'로 되어 있는바, 야웨는 '그는 (   )이다.' 라는 뜻을 갖는다. 하나님 편에서 자신을 지칭할 때는 '나는 (   )이다.' 라고 표현되는 반면, 우리가 하나님을 언급할 때에는 '그는 (   )이다.' 라고 하게 된다는 말이다. 우리가 하나님을 언급할 때에는 괄호 속을 비워두어야지, 그 괄호 속을 채워 무엇이라고 채우려는 순간 하나님의 진정된 모습은 왜곡된다는 것이다.

우리는 이 같은 야웨 하나님의 모습을 개나리의 예를 통해 설명할 수 있다. 어떤 사람이 개나리를 설명하며 노랑이다라고 했을 때, 그 노랑이란 설명에 의해 개나리의 참 본질에 대한 접근이 어려워지게 된다. 사실 개나리는 노란색만으로 표현되어서는 안 된다. 개나리의 줄기는 밤색이며, 개나리의 노란 꽃이 떨어졌을 때의 개나리에는 녹색 잎으로 가득하다. 그러므로 개나리는 노랑이다라는 표현은 개나리를 잘 모르는 자에게 개나리의 진정된 모습을 오해하게 할 소지가 있다. 개나리를 보지 못한 사람에게 개나리를 설명하며 개나리는 많은 작은 꽃들로 구성되어 있다고 설명할 경우, 그는 그 설명을 듣고 안개꽃을 연상할 수도 있으므로 그러한 개나리에 대한 설명이 개나리의 진정한 모습을 왜곡할 수도 있다는 것이다. 이와 같이 개나리를 모르는 사람에게 개나리를 말로 설명하였을 때, 그가 개나리를 잘 알 수 있게 하는 것에 어려움이 있음을 깨닫게 된다.

개나리를 잘 알려면 개나리를 집 마당에서 키우며 춘하추동을 지내봐야 한다. 개나리를 실제 경험하는 것이 개나리를 가장 잘 알 수 있는 길이라는 것이다. 개나리를 아는 자에겐 개나리를 설명할 필요가 없다. "개나리는 개나리이다."라고 하면 된다. 하나님은 더욱 그렇다. 하나님은 우리가 현상계의 말로 표현될 수 없는 분이시다. 우리는 초월적인 하나님을 인간의 언어로 묘사할 수 없다. 이에 그 하나님은 하나님이라고밖에 달리 설명할 수 없으며, 이에 하나님은 자신을 설명하면서 "나는 나다"라고 하셨던 것이다. 하나님을 실제로 체험하지 못한 자에게 그 하나님을 설명한다는 것은 불가능하다는 것이다.

기독교는 체험의 종교

그러면 출애굽기에서 하나님을 알 수 있는 길이란 전혀 없는 것인가? 그렇지 않다. 출애굽기 20장에서 하나님께서는 다음과 같이 자신을 알 수 있는 길을 열어놓으셨다.

"나는 너를 애굽 땅 종 되었던 집에서 인도하여 낸 너의 하나님 여호와로라."(출 20:2)

하나님께서는 출애굽을 경험한 이스라엘 민족을 향하여 자신을 적극적으로 설명하셨다. 하나님의 구원 행동을 경험한 후, 이스라엘 백성은 하나님의 현존하심을 알 수 있는 길을 갖게 된 것이다. 우리는 설명을 통해 하나님을 만날 수 없다. 우리는 그 하나님의 구원 행동을 경험함으로써만 그분을 알게 된다.

하나님은 결코 추상적으로 설명되는 분이 아니시다. 하나님은 우리의 삶 가운데 구체적인 체험을 통해 만날 수 있는 분이시다. 기독교 경전과 이방 경전은 차이가 있다. 기독교의 경전은 교훈을 모은 이방경전과 달리 역사 내의 경험을 모은 책이다. 구약성경은 하나님의 구원 행동에 대한 이스라엘 백성의 경험을 집대성한 역사책인 것이다. 성경은 이스라엘 백성들이 하나님을 만난 경험들을 모은 책으로, 우리는 그런 하나님의 경험을 바탕으로 하나님을 바로 알 수 있게 된다.

기독교는 체험의 종교다. 이에 우리는 하나님을 누구냐(who)라고 묻기보다는, 하나님께서 나를 위해 무엇(what)을 하셨는가를 먼저 물어야 한다. 우리가 다른 사람들에게 기독교의 복음을 전파할 때에도 그렇다. 그 하나님을 설명을 통해 알리려 하기보다는, 그 하나님을 경험케 함을 통해 하나님을 전파해야 한다. 하나님을 자신에게 잘 설명하면 내가 하나님을 믿겠노라고 말하는 분들이 있다. 그러나 그러한 설명을 듣는다고 하여 하나님을 알 수 있게 되는 것은 아니다. 우리는 하나님을 진정 경험함으로써 그 하나님에 대한 이해에 이르게 된다. 중요한 것은 그들로 하여금 그 하나님을 만나게 하는 것이다.

출애굽기 3장 12절에는 "하나님이 이르시되 내가 반드시 너와 함께 있으리라. 네가 그 백성을 애굽에서 인도하여 낸 후에 너희가 이 산에서 하나님을 섬기리니 이것이 내가 너를 보낸 증거니라."라는 말씀이 있다. 이 본문은 하나님을 확실히 알 수 있는 증거에 대해 말한다. 그들이 이집트의 노예 상태에서 해방하신 하나님의 구원 행동을 경험한 후, 바로 그 산에서 하나님을 만나게 될 터인데, 그러한 하나님의 구원 행동에 대한 경험이 하나님을 밝히 아는 증거가 될 것이라는 말씀이다. 이와 같이 우리는 하나님의 구원 행동을 경험함으로써 하나님을 진정으로 알게 되는 것이다.

작은 체험

이스라엘 백성에게 하나님 체험이 그들의 신앙의 기초가 되었듯, 우리의 신앙을 굳건하게 지탱하는 것도 우리의 하나님에 대한 체험임을 잊어서는 안 된다. 인생에서 우리를 도와주신 하나님의 구원 행동을 바탕으로 우리는 주님을 깨닫게 된다. 그런 하나님의 도와주시는 구원 행동에 대한 체험이 없다면 우리의 신앙은 빈껍데기가 될 것이다.

누구나 하나님과 만남의 경험이 있는 줄 안다. 병을 낫게 해 주시는 하나님을 경험했을 수도 있으며, 경제적으로 어려웠을 때 도와주셨던 하나님의 섭리를 경험한 때도 있다. 어떤 때는 원수들을 우리 앞에서 물리쳐 주심을 경험한 때도 있었을 것이다. 하나님은 다른 종교의 신과 같이 움직임 없이 그냥 앉아계신 분이 아니시다. 하나님은 살아 역사하시는 하나님이시다. 우리 삶의 현장에 찾아오셔서 우리를 도우시며, 우리를 격려하시고, 충고하시는 하나님이시다.

어렸을 때의 경험 하나를 말하고자 한다. 초등하교 1, 2학년 때쯤이라고 생각된다. 오랜 일이지만 아직도 생생하다. 열이 오르고 씨익씨익 하는 숨소리가 나서 병원에 갔다. 병원의 의사는 증상이 디프테리아 같으니 큰 병원으로 가보라고 하셨다. 어머니는 걱정스러운 표정을 하시며 당시 용산에서 큰 병원인 철도병원으로 저를 데리고 가셨다. 진찰을 기다리며 병원 의자에 앉아 나와 어머니는 하나님께 간절히 기도했다. 기도하는 중 나의 거친 숨소리가 점점 잦아짐을 느끼게 되었다. 나는 그때 하나님께서 어머니와 나의 기도를 들어주신 것이라 생각했다. 순서가 되어 의사 선생님께 진찰을 받았다. 의사 선생님은 대수롭지 않은 병이니 조금 치료하면 된다고 하셨다. 나는 지금도 병원 의자에 앉아 열심히 기도하던 당시의 분위기를 기억한다. 주님께서 나의 병을 고쳐주신 것이다. 이러한 나의 삶에서 나를 도우셨던 하나님에 대한 경험이 나의 신앙을 지탱하고 있다. 물론 나의 인생에서 주님에 대한 기도 응답의 경험은 이것뿐이 아니다. 주님은 우리의 삶의 위기에서 우리를 항상 건지시는 분이시다.

누구나 이런 하나님에 대한 경험을 가지고 있다고 생각한다. 그러한 살아있는 체험은 믿음 생활에 정말 중요하다. 우리는 그런 역사적인 삶의 경험 위에 우리의 믿음을 올려놓아야 한다. 기독교는 체험의 종교다. 다른 종교와 같이 윤리적 교훈들만 늘어놓는 종교가 아니다. 살아 역사하는 하나님에 대한 체험을 통해 깨닫게 되는 종교다. 이런 하나님과의 만남에 대한 경험이 없다면 기독교는 정말 나약한 종교가 될 것이다.

정·의·지·체의 통전적 경험

우리는 이 같은 체험을 통해 하나님의 말씀을 우리의 삶에서 확인하게 된다. 하나님을 체험한다는 말은 하나님을 이해한다는 말 이상의 의미를 갖는다. 하나님에 대한 이해는 머리만으로 가능하지만, 하나님에 대한 체험은 우리의 삶과 몸 전체를 통해 일어나는 것이다. 우리는 하나님의 은혜를 우리의 머리만으로 깨닫는 것이 아니다. 하나님의 은혜를 받았을 때 우리의 가슴이 따뜻해지는 것을 느낀다. 삶에서의 행동이 바뀌고 세상을 보는 우리의 눈에 변화가 일어난다. 이전엔 모든 것이 우울하게 보였지만, 하나님의 은혜를 체험하곤 모든 일에 감사하는 마음이 생긴다.

어머님으로부터 은혜 체험의 말을 들은 적이 있다. 뜰 앞에 핀 채송화가 그렇게 아름답게 보였다고 말씀하셨다. 처마 밑 나뭇가지 위에 잠시 앉아있다 날아가는 새의 모습도 사랑스러워 보였다고 하셨다. 이와 같이 주님의 은혜를 받는다는 것은 우리의 전 기관에 영향을 주는 것이므로 우리의 몸이 새로워질 뿐 아니라 우리의 삶 전반에서의 변화를 야기하는 것이다. 우리는 주님의 은혜를 머리로만 이해하려 해서는 안 되며 우리의 온 몸으로 받아들여야 한다. 주님의 은총으로 전 존재가 변화하는 체험을 모두가 하였으면 한다.

경험이란 이와 같이 지적인 것만으로 구성되어 있지 않으며, 지정의체의 모든 기능을 포괄하는 총체적인 것이다. 우리는 이 같은 하나님에 대한 체험의 모습을 출애굽기 3장의 본문에서 발견한다. 호렙산에서 모세는 하나님을 경험하게 된다. 그는 먼저 떨기나무 가지 위에 피어오르는 불꽃에서 하나님을 보게 된다. 동시에 그를 부르시는 하나님의 음성을 듣게 된다. 아울러 그와 대화하시는 하나님을 그는 만나게 되며, 그로 인해 모세는 새로운 행동의 결단을 하게 되었던 것이다. 눈으로 보고, 귀로 듣고, 머리로 이해하며 행동의 결단을 하게 되는 전 과정이 이 사건 중에서 일어난다. 이와 같이 하나님을 만난다는 것은 일종의 총제적 경험으로서 머리의 이해만으로 끝나는 일이 아니다.

출애굽기는 이런 하나님에 대한 경험으로 가득 차 있다. 그 하나님께서는 모세와 함께 이스라엘을 이집트의 노예 상태에서 해방시키는 일을 하시게 된다. 홍해를 가르시고, 반석에서 샘이 솟게 하시며, 만나를 하늘에서 내리시고, 적군들로부터 이스라엘 백성을 살리시는 등 실제 이스라엘 백성을 위한 구체적인 행동을 역사 가운데에서 하셨던 것이다.

이와 같이 이스라엘 백성들이 하나님의 구원 행동을 경험하였듯,

우리도 그런 하나님의 구원 행동을 맛보는 자들이 되어야겠다. 우리의 확실한 체험들로 결코 하나님을 부인할 수 없도록 만드신다. 하나님께서는 지금도 우리를 위해 역사하시는 분이시다. 우리가 그를 향해 부르짖을 때 그의 강한 팔을 펴실 것이라 확신한다. 나는 우리가 간절히 기도한다면 하나님께서는 우리를 도우실 것이라고 믿고 있다. 주님은 지금도 살아 역사하시는 하나님이시다.

출애굽기 40장 34-38절

여기서 필자는 출애굽기 13장의 말씀과 40장의 말씀을 비교해 보고자 한다. 13장의 말씀은 이스라엘 백성들이 하나님을 충분히 경험하기 전의 상태를 서술한 것이며, 40장의 말씀은 하나님을 충분히 경험한 다음의 이스라엘 모습은 말하고 있다.

"여호와께서 그들 앞에서 가시며 낮에는 구름기둥으로 그들의 길을 인도하시고 밤에는 불기둥을 그들에게 비추사 낮이나 밤이나 진행하게 하시니, 낮에는 구름기둥, 밤에는 불기둥이 백성 앞에서 떠나지 아니하니라."(출 13:21-22)

이어 출애굽기의 마지막 부분인 40장 34-38절은 다음과 같이 말한다.

"구름이 회막에 덮이고 여호와의 영광이 성막에 충만하매, 모세가 회막에 들어갈 수 없었으니 이는 구름이 회막 위에 덮이고 여호와의 영광이 성막에 충만함이었으며, 구름이 성막 위에서 떠오를 때에는 이스라엘 자손이 그 모든 행진하는 길에 앞으로 나아갔고, 구름이 떠오르지 않을 때에는 떠오르는 날까지 나아가지 아니하였으며, 낮에는 여호와의 구름이 성막 위에 있고 밤에는 불이 그 구름 가운데 있음을 이스라엘의 온 족속이 그 모든 행진하는 길에서 그들의 눈으로 보았더라."

이 두 본문 사이에는 주요한 차이점이 있다. 먼저의 본문에서는 하나님의 불기둥과 구름기둥이 백성들 앞에서 행하였다고 말한다. 그러나 두 번째 본문은 그 구름이 회막을 덮었음을 언급하고 있다. 하나님을 충분히 경험하기 전 이스라엘은 그 불과 구름 속에 계시는 하나님을 그들 앞에다 두고 보았으나, 충분히 경험한 마지막 단계에서는 하나님의 충만함이 그 성막을 덮었음을 본문은 말하고 있다. 이스라엘 백성들은 그들의 출애굽 초기 하나님을 앞에다 두고 이해하려고 하였다. 그러나 그들의 하나님에 대한 경험이 진행됨에 따라, 하나님을 그들의 온 몸으로 받아들이게 되었음을 후자의 본문은 언급한다. 우리는 하나님을 앞에 두고 보려고만 해서는 안 된다. 우리는 하나님을 우리의 온 몸으로 덧입고자 해야 한다.

하나님의 구름이 그들의 회막을 덮었듯이 오늘 우리는 주님의 은총에 푹 빠져야 한다. 우리의 온 몸을 주님의 은총의 풀장 안으로 던져야 한다. 하나님을 자기 앞에 놓고 이해하려는 것만으론 부족하다. 오히려 우리는 하나님의 충만한 은총 가운데 거하려 해야 한다. 통전적인 하나님에 대한 경험에 의해, 우리는 하나님의 영광을 덧입게 되며, 그것을 통해 하나님에 대한 앎이 깊어지게 되는 것이다.

우리는 이 땅에 오신 예수 그리스도를 머리로만 아는 자들이 되어서는 안 된다. 그리스도를 우리의 온 몸을 통해 체험하는 자들이 되어야겠다. 성령을 통해 그리스도의 은총을 경험하는 자들이 되어야 한다는 것이다. 우리의 마음을 감화하고, 우리의 몸을 움직이며, 우리로 행동하게 하고, 변화하게 하는 성령님의 역사가 있다. 우리의 눈을 통해, 우리의 귀를 통해, 우리의 가슴을 통해, 우리의 손과 발을 통해, 지금 역사하시는 하나님을 체험하고 느끼는 모두가 되어야겠다. 주님의 성령의 뜨거움이 우리의 차가운 마음을 녹이고, 우리 몸의 모든 병을 불사르시며, 우리의 지친 손과 발에 새 힘을 불어넣으시는 역사가 일어나길 기대한다. 주님께서 우리의 영과 몸에 강림하실 것이라 믿는다.

출애굽기 19장 16-19절에는 모세가 이스라엘 백성과 함께 하나님을 만나 체험하는 장면이 나타난다.

> "셋째 날 아침에 우레와 번개와 빽빽한 구름이 산 위에 있고 나팔 소리가 매우 크게 들리니 진중에 있는 모든 백성이 다 떨더라. 모세가 하나님을 맞으려고 백성을 거느리고 진에서 나오매 그들이 산기슭에 서 있는데, 시내 산에 연기가 자욱하니 여호와께서 불 가운데서 거기 강림하심

이라. 그 연기가 옹기 가마 연기 같이 떠오르고 온 산이 크게 진동하며, 나팔 소리가 점점 커질 때에 모세가 말한즉 하나님이 음성으로 대답하시더라."

모세와 백성들은 시내산에서 하나님의 임재를 경험하였다. 그들은 하나님의 임재를 불같이, 연기같이 보았으며 나팔소리같이, 우레 소리같이 들었다. 그들의 몸은 온 산의 진동을 느낄 수 있었다. 주님의 임재는 우리의 마음과 온 몸이 반응하게 하고, 떨게 하며, 움직이게 하는 것이다.

일곱 번째 문, 영의 문 열기

이 장에서 필자는 하나님의 이름인 '야웨'의 뜻을 설명했다. 일곱 번째 문 앞에는 하나님의 이름인 '야웨'라는 문패가 붙어 있다. 그 문에 들어가면 하나님의 존전에 우리가 서게 된다. 영을 위시한 정의지체의 모든 인간의 능력을 발휘하여 우리는 이곳에서 하나님을 체험하게 된다. 하나님을 머리로만 아는 것이 아니며, 우리의 총체적 감각과 느낌을 모두 동원하여 하나님을 가까이서 뵙게 되는 것이다.

인간의 모든 기능들이 통전적으로 잘 조화되어 그 기능을 최적으로 발휘하게 될 때, 우리의 영은 발현되게 된다. 인간의 총체적 체험에 따른 전 존재의 구현은 영의 활성화와 함께 구체화되는 것이다. 영의 문에 들어서면 성령의 광채에 의해 우리의 모든 감각과 기능이 깨어나게 되고, 이를 통해 우리는 영적인 하나님에 대한 총체적 경험에 이르게 된다. 영은 인간이 지니고 있는 한 요소가 아니며, 인간의 전 기능이 완벽하게 구현될 수 있도록 인간 밖에서 주어지는 어떤 것이다. 아니 온전히 조화된 인간의 모습으로 발현되는 창조주의 능력인 것이다. 그러므로 인간의 하나님 체험은 일종의 성령 체험으로 구성된다. 영적인 깊이에 들어가 우리는 우리의 전 존재를 향해 오시는 하나님의 영광을 접하게 된다. 영은 우리로 하여금 하나님에 대한 통전적 체험을 가능하게 하는 능력이다.

물론 우리는 하나님을 직접 볼 수는 없다. 하나님의 영광은 실로 대단한 것이어서 그를 직접 보는 날에는 우리는 죽을 수밖에 없다. 출애굽기 33장 20-23절은 다음과 같이 말한다.

> "또 가라사대 네가 내 얼굴을 보지 못하리니 나를 보고 살 자가 없음이니라. 여호와께서 가라사대 보라 내 곁에 한 곳이 있으니 너는 그 반석 위에 섰으라. 내 영광이 지날 때에 내가 너를 반석 틈에 두고 내가 지나도록 내 손으로 너를 덮었다가, 손을 거두니 네가 내 등을 볼 것이요 얼굴은 보지 못하리라." (출 19:21 참조)

이와 같이 하나님의 영광을 인간은 직접 대면할 수 없다. 그러나 예수 그리스도께서는 하나님의 아들로서 그 하나님의 영광을 자기 속에 감추신 채 우리에게 오심으로 우리는 그를 통해 하나님을 볼 수 있게 된 것이다. 빌립보서 2장 6-7절은 "그는 근본 하나님의 본체시나 하나님과 동등 됨을 취할 것으로 여기지 아니하시고, 오히려 자기를 비워 종의 형체를 가지사 사람들과 같이 되셨고"라고 말한다. 그리스도께서는 하나님과 동일한 영광을 가지신 분이시나, 그 영광을 비우시고 평범한 인간의 몸으로 이 세상에 오셨던 것이다. 우리는 하나님을 직접 뵙지는 못하지만 그리스도를 통해 주님을 만나게 된다. '야웨'란 문패가 붙은 문에 들어가면 우리는 십자가상에서 우리를 위해 보혈을 흘리신 예수 그리스도를 만나게 되는 것이다. 자신을 낮추시어 우리 인간의 몸으로 오신 예수 그리스도께서 그 마지막 방에 계신 것이다.

요한복음에선 예수 그리스도께서 "I am ……"이라는 말로 자신을 자주 표현하셨다. '나는 (   )이다.'라는 말의 헬라어는 'ego eimi ……'(에고 에이미)로서, 70인경에는 히브리어 '에흐예'를 동일한 '에고 에이미'로 번역한다. 요한복음 14장 6절에서 그리스도께서는 스스로를 "내가 곧 길이요, 진리요, 생명이니"라고 일컬으셨다. 헬라어로는 "에고 에이미 헤 호도스, 헤 알레떼이아, 카이(and) 헤 조에"라고 표현된다. 그 외에도 그리스도께서는 여러 가지 말로 자신을 지칭하셨다. 나는 양의 문이다. 나는 참 포도나무다. 나는 부활이요 생명이다. 나는 생명의 떡이다…… 등이다. 야웨 하나님의 본질이 예수 그리스도에게서 분명한 것으로 드러나고 있다. 그리스도께서 우리에게 오시기 전에는 하나님을 바로 표현하는 방법을 몰랐지만, 그리스도의 계시를 통해 우리는 하나님을 좀더 직접적으로 표현할 수 있게 된 것이다. 체험하지 못한 자는 설명을 들어도 그게 무슨 말인지 이해하지 못하나, 체험한 사람은 주님의 형상을 바로 인지하게 된다.

한 방 한 방을 지나 우리는 주님이 계신 지성소에 이르게 되었다. 그곳은 예수 그리스도와 하나님의 말씀이 있는 곳이다. 주님과 그 뜰을 거닐며 우리는 사랑의 대화를 나누게 될 것이다. "주님! 주님을 한마디로 무엇이라고 표현하면 좋겠습니까?"라는 질문을 하여도 좋다. "나는 (   )이다."라는 괄호 속에 주님께서 어떤 말을 집어넣으실 것인가 궁금해진다. 요한일서 4장 8절 말씀이 생각난다.

"사랑하지 아니하는 자는 하나님을 알지 못하나니 하나님은 사랑이심이라."

하나님에 대한 정의가 이 본문에 나타난다. 하나님은 '사랑' 이시라는 것이다. 그러므로 하나님을 만난다는 것은 사랑을 만나는 것이다. 사랑함에 하나님의 숨결이 숨겨 있다. 사랑함으로 하나님의 모습을 느끼게 된다. 사랑하면 하나님을 깨닫게 되는 것이다.

이해를 위한 질문들

1. "나는 스스로 있는 자이다."라는 하나님의 이름에 대해 설명하시오.

2. '야웨'란 하나님 칭호의 뜻은 무엇인가요?

3. 기독교는 체험의 종교이다. 각자의 신앙체험에 대해 이야기해봅시다.

The Seven Gates of God's Sanctuary

성전문을 나서며

마태복음 22장 36-40절

"선생님 율법 중에서 어느 계명이 크니이까.
예수께서 이르시되 네 마음을 다하고 목숨을 다하고 뜻을 다하여
주 너의 하나님을 사랑하라 하셨으니, 이것이 크고 첫째 되는 계명이요,
둘째도 그와 같으니 네 이웃을 네 자신 같이 사랑하라 하셨으니,
이 두 계명이 온 율법과 선지자의 강령이니라."

하나님 사랑과 이웃 사랑

필자는 앞의 장들에서 하나님의 성전에 들어가는 일곱 문에 대하여 설명하였다. 한 문 한 문을 열고 들어가 우리는 하나님의 존전에 서게 된다. 통찰의 문, 마음의 문, 의지의 문, 지성의 문, 몸의 문, 상상력의 문, 영의 문을 열고 우리는 하나님의 영광이 가득한 주님의 지성소에 이르게 된다. 우리는 지성소에 이르러 하나님을 뵙고 그의 영광을 직접 체험하게 된다. 우리의 오관을 통해 하나님을 바라보며 그에 대한 우리의 사랑을 확인하게 되는 것이다. 이러한 일곱 문을 열고 주님 앞으로 들어가면서 우리는 다양하게 하나님 경험을 하게 된다. 하나님을 느끼다, 하나님을 사랑하다, 하나님을 믿다, 하나님을 알다, 하나님을 따르다, 하나님을 보다, 하나님을 경험하다 등이다. 여러 가지 인간의 능력을 통해 우리는 하나님을 경험하게 되는데 그 하나님에 대한 경험을 한 마디로 압축한다면 하나님을 사랑한다 정도가 될 것이라 생각한다. 우리는 하나님의 성소에서 주님을 바라보며 하나님을 사랑함에 이르게 된다.

하나님에 대한 충분한 사랑의 마음을 간직한 채, 이제 우리는 주님이 계신 성전의 문을 열고 세상으로 나오게 된다. 변화산에서 제자들이 예수 그리스도의 영광된 변형을 본 후, 곧 바로 그 산을 내려와 세상을 향해 나아갔듯, 우리는 주님의 존전에서의 경험을 뒤로 한 채 세상을 향한 걸음을 내딛게 되는 것이다. 우리는 이 세상에 나오자마자 하나님의 형상을 닮은 이웃들을 접하게 되며, 그 이웃을 사랑함으로써 그 이웃 안에 있는 주님의 형상을 다시 만나게 된다. 이제 하나님에 대한 사랑은 이웃에 대한 사랑으로 연장된다. 우리는 하나님과의 사랑을 통해 종교적 영성의 깊이를 더하게 됨과 동시에 이웃과의 참된 만남을 통해 천국에서 하나님을 만나는 행복한 경험을 다시 하게 되는 것이다.

여기서 하나의 질문이 생긴다. 하나님의 존전에 나아가는 방법, 곧 하나님을 사랑하는 방법에 대해서는 알았는데, 이웃을 사랑하는 방법 곧 이웃의 존재와 만나는 방법은 무엇인지에 대한 것이다. 이에 대해 마태복음 22장 36-40절은 다음과 같이 답한다.

"선생님 율법 중에서 어느 계명이 크니이까. 예수께서 이르시되 네 마음을 다하고 목숨을 다하고 뜻을 다하여 주 너의 하나님을 사랑하라 하셨으니, 이것이 크고 첫째 되는 계명이요, 둘째도 그와 같으니 네 이웃을 네 자신 같이 사랑하라 하셨으니, 이 두 계명이 온 율법과 선지자의 강령이니라."

이 본문에서 '둘째는 그와 같으니'라는 문장이 있다. 여기서 '그와 같으니'는 영어로 'like this'로서 하나님을 사랑하는 방법과 이웃을 사랑하는 방법이 다르지 않음을 설명하는 것이다. 하나님을 사랑하는 방법이 마음과 목숨과 뜻과 힘을 다하는 것에 있다면(막 12:30), 이웃을 사랑하는 것도 동일한 것을 동원하여야 함을 언급하는 말씀이다.

하나님을 사랑하는 데 정의지체와 통찰력과 상상력 및 영적 능력이 동원되어야 한다면, 이웃을 사랑함에도 이러한 인간 기능의 연마가 필요하다. 성령의 도움을 받아 우리 인간의 전 기능이 변화되며, 그러한 변화된 인간의 기능들에 의해 우리는 이웃을 진정으로 사랑하게 되는 것이다. 필자는 이와 같은 '세븐게이트'의 이론에 따른 이웃 사랑의 방법에 대해서는 후속의 책에서 서술하고자 한다. 하나님을 사랑하지 않고서는 이웃을 진정으로 사랑할 수 없다. 또한 이웃을 사랑하지 않는 자는 하나님을 사랑한다고 결코 말할 수 없을 것이다. 우리의 하나님 체험이 이웃 사랑의 현장에서 더 구체화되기를 소망한다.

이 책을 소그룹 성경공부에서 활용하기

독자들은 이 책의 각 장 마지막에서 이 책을 이해하는 데 필요한 질문들을 보았을 것이다. 물론 그 질문들에 대한 정답을 따로 정리하지는 않았다. 책을 읽고 그 질문들에 답해 가며 서로 의논하는 중에 이 책의 내용보다 더 깊은 신앙의 의미들을 발견하길 바란다.

5, 6개월 동안 10-30쌍 정도의 부부가 매주 목요일 저녁에 모여 함께 공부하는 그룹이 많이 만들어졌으면 한다. 이 책의 내용을 설명하고 지도할 교역자가 있으면 더 효과적인 공부가 될 것이다. 아울러 필자는 이 시리즈의 폭넓은 활용을 위해 이 책들의 소감을 적고 공부 자

료들을 올려놓은 웹사이트를 하나 만들 계획이다. 이 책을 손에 넣어 읽게 될 경우 이 책의 제목을 포털사이트 검색창에 치면 독자들은 이 책의 웹사이트를 발견할 수도 있게 될 것이다. 필자는 이 책 웹사이트의 메뉴를 저자 소개, 책 소개, 소감 적기, 저자와의 대화, 자료실, 세븐게이트 운동들, 갤러리, 카페, 블로그, 공지사항, 방명록 등으로 구성하려 한다. 이 일도 예정이지만 잘 실현되길 기대하고 있다. 어느 한 분이 홈페이지를 관리하여 주신다면 더 의미 있는 일도 될 것 같다.

그룹으로 공부할 경우 교재 및 공부 재료비, 간식비, 수련회비, 강사비 포함하여 등록비를 7만 원 정도로 정했으면 한다. 목요일 오후 7-9시 매주 두 시간씩의 공부를 통해 우리는 하나님의 성전 깊은 곳으로 들어가게 될 것이다. '세븐게이트'의 18주 공부 과정은 표와 같은데 한 주는 본 책에 대한 인도자의 강의로, 그리고 다음 한 주는 전 주에 배운 각 장의 내용에 대한 활동 내용으로 구성하였다. 즐거운 공부 시간이 될 것이라 생각한다. 특히 16주가 되는 주간에는 1박 2일 수련회를 하도록 했다. 공부하는 분들과 함께 떠나 이야기도 나누며 공부한 내용에 대해서도 다시 한 번 상기하는 시간이 되었으면 한다. 이 수련회 기간에는 강의보다는 찬양과 기도의 시간을 많이 배치하면 좋을 것 같다. 같이 공부하였던 회원들의 간증을 듣는 시간도 있다면 더욱 의미 있을 것이다.

세븐게이트 18주 과정

18주 공부	공부 주제	공부 내용	비고
1주 : 성전문으로 들어가며 1	자기 소개 시간	공부 소개 포함	간단한 다과회
2주 : 성전문으로 들어가며 2	책의 서론부	교재 설명	교재의 내용을 파워포인트로 만들어서 강의
3주 : 첫 번째 문 1	〈통찰의 문〉	교재 설명	
4주 : 첫 번째 문 2	에스더 영화보기	CBS에서 나온 성서영화 중 에스더서 편	차 한 잔을 하며, 프로젝터로 감상
5주 : 두 번째 문 1	〈마음의 문〉	교재 설명	
6주 : 두 번째 문 2	찬양의 시간	찬양인도자 초청하여 찬양의 시간을 갖는다.	정서적 마음을 여는 시간
7주 : 세 번째 문 1	〈의지의 문〉	교재 설명	
8주 : 세 번째 문 2	대화식 기도회	남들이 한 기도를 이어 기도하며 자신의 기도를 추가하는 형식의 기도	기도회를 통한 의지의 단련
9주 : 네 번째 문 1	〈지성의 문〉	교재 설명	
10주 : 네 번째 문 2	신학 특강 또는 책 읽기 나눔	노영상, 〈마가복음에 피어오른 구원 무지개〉	통전적 하나님의 구원의 모습을 고찰한다.
11주 : 다섯 번째 문 1	〈몸의 문〉	교재 설명	
12주 : 다섯 번째 문 2	노숙자들을 위한 도움 실천	'거리의 천사들'의 야간 봉사활동에 참가	행함이 있는 믿음의 훈련
13주 : 여섯 번째 문 1	〈상상력의 문〉	교재 설명	
14주 : 여섯 번째 문 2	요한계시록의 장면들을 조로 나누어 촌극	6명 정도가 한 조가 되게 편성한다. 5개 조 정도	요한계시록의 여러 장면들을 나누어서 분담
15주 : 일곱 번째 문 1	〈영의 문〉	교재 설명	
16주 : 일곱 번째 문 2	1박 2일 수련회	근교의 수양관에서 모임	한 가족 한 객실에서 숙박
17주 : 성전문을 나서며 1	〈이웃 사랑의 길〉	교재 설명	
18주 : 성전문을 나서며 2	졸업식	수료증과 가운을 준비	두 명 정도 공부한 것에 대한 간증 순서도 넣는다.

성전문을 나서며

필자가 이 책을 쓴 목적이 있다. 먼저는 하나님과의 깊은 교제를 위해서다. 이 책을 통해 많은 분들이 하나님을 만나고 체험하는 시간이 되었으면 한다. 또 다른 소망은 '세븐게이트' 카페가 만들어지는 것이다. 카페베네, 엔젤리너스 등과 같이 체인으로 된 '세븐게이트' 카페를 만들어 이 책의 정신을 구현하면 좋을 것 같다. 목적과 가치를 가지는 카페와 기업들이 많이 생겼으면 한다. 카페에 모여 세계선교를 논의하며, 그에 대한 자료도 얻고, 글로벌 샬롬을 위해 노력하며 서로 교제하는 그런 카페들이 만들어지면 좋겠다. 필자는 그런 카페의 정신을 뒷받침하는 서적들을 후속으로 만들려 한다.

혹 상상력이 있는 교인들이 '세븐게이트' 선교병원 등을 만드는 것도 의미 있는 일이 될 것이라 생각한다. 전인적 하나님 체험과 함께, 전인건강을 목적으로 하는 새로운 병원들의 출현을 기대해 보는 것이다. 영의 건강을 포함한 전인적인 건강을 도모하여야만 전인적 하나님 사랑과 이웃 사랑이 가능해지기 때문이다.

'세븐게이트' 캠퍼스 선교운동 단체들도 만들어졌으면 한다. 학교 내의 동아리실에서 모이는 학생선교단체가 아니라, 대학 정문의 가까운 곳에 젊은 목회자 몇몇이 힘을 합하여 교회를 세워 운영하는, 젊은 이들이 모이고 젊은이들이 교회를 이끌어 가는 새로운 형태의 청년교회들이 나왔으면 한다. 교회 이름을 '세븐게이트' 교회로 해도 좋을 것 같다. 이런 카페들과 교회들의 운영과 선교방식에 대해서는 앞으로 계속연구해 보려 한다. 이후 필자는 세븐게이트 예배이론, 세븐게이트 이웃 사랑과 선교 방법, 세븐게이트 성경공부법, 세븐게이트 글로벌 선교방법, 세븐게이트 마을공동체 만들기 방법, 세븐게이트 기업운영 방법, 세븐게이트 목회방법 등과 관련한 책을 기획 중이다.

 이러한 이론들에 의거하여 세븐게이트 카페, 세븐게이트 선교병원, 세븐게이트 교회, 세븐게이트 약국, 세븐게이트 마트, 세븐게이트 농촌운동, 세븐게이트 마을만들기운동, 세븐게이트 성경연구소 등 기독교의 강한 신학적 사색을 바탕으로 하는 교회운동을 구체화하는 것도 필요할 것이라 생각한다. 물론 각 교단에서 벌이는 선교운동의 제목이 꼭 세븐게이트가 될 필요는 없다. 그러나 하나의 운동으로서의 방향성을 제시해 보려는 것이다.

 우리의 삶과 일터 전체가 교회가 되는 것이 필요하다. 그리고 그 교회들이 모여 한이름의 교회에서 주님을 경축할 때, 우리의 교회들은 더 큰 힘을 얻게 될 것이다. 우리가 경영하는 상점, 기업, 병원, 학교를 주님의 교회같이 이뤄 나가는 것이 필요하다. 함께 예배드리고, 함께 주님의 말씀을 묵상하고, 주님께 영광 돌리는 일터를 만들기 위해 노력함으로써 우리 교회의 선교는 더욱 확장될 것이다.

 예를 들어 작은 마트를 운영한다고 하자. 그 가게를 돈벌이의 수단만으로 생각한다면 선교의 마인드가 없는 일터가 될 것이다. 그러나 직원 7, 8명과 하루의 장사를 시작하기 전 주님께 예배드리고, 그 마트가 주님의 영광을 드러내는 기관이 될 것을 기도하면서 하루를 시작한다면, 그 일터는 주님의 빛이 넘치는 장소가 될 것이다. 그 마을의 주민들을 행복하게 하기 위해 장사를 하게 된다. 마트 한 구석에는 교회의 전도지와 삶의 지표가 되는 말씀들을 준비하여 무료로 가져가게 하고, 마트의 이윤 일부를 홀몸노인을 위해 사용하며, 재고 상품들을 어려운 기관들에 기부하는 등 주님을 기쁘시게 하는 기업을 이룰 수 있을 것이다. 주님의 기관이라는 표로서 '세븐게이트 마트'라는 이름을 걸고 장사한다면 더욱 멋진 일이 될 수도 있다. 우리의 삶의 모든 곳들을 주님의 교회로 만들어 보자. 그리고 함께 큰 교회에 모여 주님을 경축하는 마을이 되자. '세븐게이트'라는 주님의 동산을 각자가 곳곳에 나름대로 이뤄 우리의 마을 전체를 주님의 나라가 되게 할 수도 있을 것이다. 이러한 노력들이 결실되어 한국 선교의 새로운 대안이 만들어졌으면 한다.

주님의 성소의 문을 나서며 영광된 한국을 꿈꾸는 비전을 품을 수도 있다. 복음으로 성공하는 나라, 말씀으로 하나된 나라, 선교로 영광된 나라를 만드는 것이 우리의 꿈이어야겠다. 하나님의 나라가 우리 삶의 지평에서 멀리 떨어져 있는 것은 아니다.

간단한 후기

이 책은 1991-1992년 미국 애틀랜타연합교회에서의 주일날 아침에 진행했던 성경공부로부터 유래된다. 현재 그 교회는 필자의 모 교회 후배인 정인수 목사가 시무하고 있다. 1년 동안 매 주일 필자와 함께 성경공부를 하였던 성도님들에게 감사의 말을 전한다. 그 당시 하던 성경공부의 내용들을 정리하여 필자는 1996년에 『예배와 인간행동』이란 책을 펴낸 적이 있다. 그 책은 크게 예배, 하나님, 인간의 3부로 구성되어 있는데, 이 책은 2부 '하나님' 부분을 확대한 것이다. 이후 필자는 그 내용을 장로회신학대학교 2004년 2학기 신학과 사경회에서도 설교한 적이 있어 금번 편집된 이 책에는 그 당시의 설교 내용이 많이 추가되었다. 딱딱한 내용의 설교를 진지하게 들어준 당시의 학부 신학과 학생들에게도 감사의 마음을 전한다.

아울러 『예배와 인간행동』 2장의 내용들을 풀어 2000년대에 여러 교회에서 자주 설교하였던 것들을 정리하여 이 한 권의 책으로 집약하게 된 것을 기쁘게 생각한다. 바라기는 '세븐게이트'라는 제목의 이 책이 많은 사람으로 하여금 하나님을 만나게 하는 데에 일조하였으면 하는 것이다. 문들을 열고 들어가 하나님의 존전에 서게 되는 환희의 순간들이 여러분의 것이 되길 기대한다. 문은 우리를 또 다른 세계로 인도하는 역할을 한다. 문 하나하나를 열 때마다 새로운 차원의 세계가 펼쳐지게 된다. 필자는 여러분들이 여는 문 뒤편에 천국이 펼쳐지기를 바라며 이 책을 썼다. 이 책을 통해 아름다운 천국의 정원을 거닐게 되는 여러분 모두가 되길 기원한다. 샬롬!

이해를 위한 질문들

1. 하나님 사랑과 이웃 사랑의 연관성에 대해 설명하시오.

2. 본 책의 전체적 구조에 대해 서술하시오.

3. 세븐게이트 카페를 운영하는 방안들에 대해 이야기를 나누어봅시다.

사명선언문

너희가 흠이 없고 순전하여……세상에서 그들 가운데 빛들로
나타내며 생명의 말씀을 밝혀 _ 빌 2:15-16

1. 생명을 담겠습니다
만드는 책에 주님 주신 생명을 담겠습니다.
그 책으로 복음을 선포하겠습니다.

2. 말씀을 밝히겠습니다
생명의 근본은 말씀입니다.
말씀을 밝혀 성도와 교회의 성장을 돕겠습니다.

3. 빛이 되겠습니다
시대와 영혼의 어두움을 밝혀 주님 앞으로 이끄는
빛이 되는 책을 만들겠습니다.

4. 순전히 행하겠습니다
책을 만들고 전하는 일과 경영하는 일에 부끄러움이 없는
정직함으로 행하겠습니다.

5. 끝까지 전파하겠습니다
모든 사람에게, 땅 끝까지, 주님 오시는 그날까지
복음을 전하는 사명을 다하겠습니다.

서점 안내

광화문점 종로구 신문로 1가 58-1 구세군 회관 2층 (110-061)
Tel 02) 737-2288 | Fax 02) 737-4623

강 남 점 서초구 잠원동 75-19 반포쇼핑타운 3동 2층 전관 (137-909)
Tel 02) 595-1211 | Fax 02) 595-3549

구 로 점 구로구 구로 3동 1123-1 3층 (152-880)
Tel 02) 858-8744 | Fax 02) 838-0653

노 원 점 노원구 상계동 749-4 삼봉빌딩 지하1층 (139-200)
Tel 02) 938-7979 | Fax 02) 3391-6169

분 당 점 경기도 성남시 분당구 서현동 273-1 대현빌딩 3층 (463-824)
Tel 031) 707-5566 | Fax 031) 707-4999

신 촌 점 마포구 노고산동 107-1 동인빌딩 8층 (121-806)
Tel 02) 702-1411 | Fax 02) 702-1131

일 산 점 경기도 고양시 일산구 주엽동 83번지 레이크타운 지하 1층 (411-370)
Tel 031) 916-8787 | Fax 031) 916-8788

의정부점 경기도 의정부시 금오동 470-4 성산타워 3층 (484-010)
Tel 031) 845-0600 | Fax 031) 852-6930

인터넷서점 www.lifebook.co.kr